상위 1%가 되는

말하기
스킬

우아하지만 단호하고, 심플하지만 감성적인 대화법

상위 1%가 되는 말하기 스킬

초 판 1쇄 2020년 01월 14일
초 판 2쇄 2021년 11월 23일

지은이 박정향
펴낸이 류종렬

펴낸곳 미다스북스
총괄실장 명상완
책임편집 이다경
책임진행 김가영 신은서 임종익 박유진

등록 2001년 3월 21일 제2001-000040호
주소 서울시 마포구 양화로 133 서교타워 711호
전화 02) 322-7802~3
팩스 02) 6007-1845
블로그 http://blog.naver.com/midasbooks
전자주소 midasbooks@hanmail.net
페이스북 https://www.facebook.com/midasbooks425

© 박정향, 미다스북스 2019, *Printed in Korea*.

ISBN 978-89-6637-750-3 03190

값 15,000원

우아하지만 단호하고, 심플하지만 감성적인 대화법

" 상위 1%가 되는

말하기
스킬

Top 1% Speaking Skills

박정향 지음

"

미다스북스

어렸을 때부터 말을 잘하지 못했던 나는 말로 상처를 주거나 받고 싶지 않았습니다. 말을 잘하기보다는 말이 잘 통하는 사람이 되고 싶다는 생각을 하며 말에 대한 공부를 하기 시작했고 지금은 말로 사람을 돕고 있습니다.

'하늘은 스스로 돕는 자를 돕는다.'라는 말처럼 나는 나를 사랑하며 돕기로 선택했고 나의 문제를 해결하기 시작했습니다. 나는 말에 대한 관심이 생기면서 나 자신에 대해 좀 더 깊이 알고 싶다는 생각이 들었습니다. 나를 더 솔직하게 보고 싶어졌고, 솔직함을 드러낸다는 것이 무엇인지 경험하고 싶어졌습니다. 말에는 내 속의 생각과 감정이 드러나기 때문입니다.

10년 이상 코칭을 하면서 개인적으로 알게 된 것이 있습니다. 관계에 성공한 사람들은 말을 할 때 행동언어와 지적언어, 감정언어를 골고루 적절히 사용한다는 것입니다.

사람은 자신이 중요하게 생각하는 것에 의해 상대의 말을 왜곡하는 정도가 달라지기도 합니다. 행동언어를 중요시 하는 사람은 그 사람의 행동을 보고 사람을 믿습니다. 또 지적언어를 중요시 하는 사람은 감정언어보다는 머리로 이해가 되어야만 공감을 해줄 수 있습니다. 감정언어가 중요한 사람은 감정언어로 이야기해야 마음이 연결된다고 느껴서 마음을 열게 됩니다.

　대부분의 사람은 상대의 언어에 맞추기보다는 자신의 언어로 말을 해석하고 반응하기 때문에 상대가 당황해하는 경우가 생깁니다. 사람들은 대부분 상대가 자신이 원하는 반응을 해주기를 바라지만 그렇지 않을 때가 더 많습니다. 감정, 지적, 행동언어가 확실하고 어느 하나 무시되지 않아야 다양한 사람을 대할 때 적절한 반응을 할 수 있게 됩니다.

　말을 잘하는 사람들은 그냥 잘하는 것이 아니라 간결하면서도 담백하게 말을 합니다. 말에도 센스와 함께 기술적인 부분도 필요합니다. 하지만 가장 중요한 것은 자신의 마음에서 우러나오는 진실함이 담겨 있는 말이라고 생각합니다.

　상황에 적절한 말을 이해되기 쉽게 전달한다는 것이 쉬운 일은 아닙니다. 그러나 생각과 감정과 행동이 일치되는 말을 하는 것이 우리를 자유롭게 합니다. 기술적인 부분을 넘어서 말의 패턴을 파악하고 사고의 흐름과 감정의 왜곡이 어디서 일어났는지를 알아야 일치적인 말을 할 수 있습니다. 꼭 생각과 감정과 행동이 일치되어야 말을 잘한다는 것은 아니지만, 마음에서 우러나는 진심이 담긴 말은 사람의 마음에 와닿기 때문입니다.

우리의 마음이 어떻게 말로 흘러나오는지를 보기 위해서는 마음의 공식을 아는 것이 필요하기에 이 책에는 코칭주제로 많이 나왔던 사례들을 넣었습니다. 사례를 통해 자신과 타인에 대한 이해와 함께 스킬을 적용해서 나와 결이 다른 사람들에게도 자신만의 언어로 자신을 어필할 수 있길 바라는 마음에서 이 글을 씁니다.

한 명이라도 통하는 사람이 있다면 세상은 살 만할 것입니다. 솔직하면서도 배려 있는 말을 할 수 있는 태도와 기술을 익히고 자신과 타인을 이해하는 마음으로 말한다면 세상은 좀 더 따뜻해질 수 있을 것입니다.

요즘은 혼자서 뭐든 할 수 있지만 사람들은 함께 나누는 것을 기뻐합니다. 진실하게 통하면서 자신의 것을 나눌 수 있는 '건강한 우리'가 되었으면 좋겠다는 생각을 합니다. 이 책에는 왜 사람들은 내 말을 못 알아듣는지, 어떤 말을 해야 들리는지, 말을 할 때 어떤 마음들이 작용을 하는

지에 대해 사례가 나오고, 가장 궁금해하는 '어떻게 하면 마음이 잘 전달되는 말을 할 수 있는지'에 대한 말하기 방법을 간단히 제시했습니다.

내가 이렇게 책을 쓸 수 있게 된 과정에서도 많은 만남이 있었습니다. 그 소중한 만남을 통해 나는 계속 성장하고 있습니다. 여러 소중한 만남들과의 소통이 없었다면 나 또한 과거 어느 자리에 머물러 있었을 것입니다. 사람들은 소통을 원합니다. 소통으로 건강한 관계를 만들고 건강한 사회가 되길 소망해봅니다.

이 책이 나오는 것을 나보다 더 기다리고 기뻐해준 많은 분들이 있기에 감사합니다. 한 분 한 분 이름을 적기에 지면이 부족하여 생략하기로 합니다.

2019년 12월에

3장 - 당신의 말하기에 심리기술을 더하라

4장 - 실전에 바로 쓰는 8가지 말하기 공식

5장 - 말 잘하는 사람이 인정받는다

1 장

왜
사람들은
내 말을
못 알아듣는가?

대부분의 사람은
말을 잘 못한다

나는 말을 잘하는가?

"강사님은 말을 잘한다고 생각하시나요?"라는 질문을 받은 적이 있다. 생각을 해보니 말을 잘한다고 생각한 적이 있기도 하고 못한다고 생각한 적도 있었다. 그때그때 상황이나 상태, 상대가 누군지에 따라 답이 달라졌었기 때문이다. 지금 하고 있는 일이 상담과 코칭을 하고 사람들 앞에서 강의를 하는 것이지만 강의를 잘하는 것과 말을 잘하는 것은 다르다. 솔직히 평소에도 강의를 하듯이 말을 잘한다고는 생각하지 않는다. 사람마다 말을 잘한다는 것에 대한 의미가 다양하다고 생각한다.

나는 원래 말을 잘 안 하는 사람이었다. 말을 잘 안 하니 다른 사람들은 나를 말을 잘 못하는 사람으로 여길 거라고 생각을 했었다. 그렇게 생각을 하다 보니 점점 더 말을 못하게 되고 주눅이 들어 있었다. 나는 말로 상처를 많이 받아서인지 어릴 때부터 말하는 것에 관심이 많았다. 나이가 어릴수록 타인과 환경의 영향을 많이 받게 되는데 감정에 특히 민감했던 나는 아이들과 선생님들에게 받은 수많은 말에 대한 상처로 힘들어했었다. 상처를 받으면 받을수록 말하기가 두려웠고, 어느 새 말을 잃어가기 시작했다. '상처받느니 차라리 외로운 것이 낫겠다.'라는 생각으로 나는 외로움을 친구 삼아 혼자 지내는 것에 익숙한 사람이 되어갔다. 말로 상처 주는 사람이 있으면 마음속으로 논리적인 말로 꼼짝 못하게 되갚아주는 상상을 하며 귀여운 복수의 칼날을 갈며 지낸 적도 있다. 그때는 세상에서 가장 말을 잘하는 사람이 되고 싶었다. 그러면서 동시에 나는 가장 말을 못하는 사람이라고 생각하고 있었다. 말에 상처가 많았기에 한편으로는 다른 사람에 비해 말을 조심했고 잘 들어주는 사람이 되어가고 있었다. 그러나 마음속으로는 늘 '말을 잘하는 것이 무엇일까?'를 고민하며 지냈다.

시간이 흘러 중학교 2학년쯤 우연히 나의 생각을 깨워주는 일이 생겼다. 하교 후 버스에 지친 몸과 마음을 기대어 앉아 있는데 2명의 대학생으로 보이는 청년이 타면서 하는 대화 중 한 문장이 나의 가슴에 꽂힌 것이다. "다른 사람은 속일 수는 있어도 자신을 속여서는 안 된다." 어떤 맥락에서 그런 말을 주고받았는지는 알 수 없었지만, 그 말을 듣는 순간 내 가슴과 머리가 깨어나는 것 같았다. 그 말과 연관되어 어떤 단어 하나가 떠올랐기 때문이다. 그것은 어릴 때 우리 가족이 추구할 가치로 정해 놓았던 가훈이다. 사실 어릴 때는 정직이라는 단어가 내게는 막연하고 나와는 거리가 멀게만 느껴졌기에 가슴 한켠에 담아만 놓고 있었다. 버스에서 청년들의 그 말을 듣는 순간 그 정직이란 단어가 전율과 함께 떠올랐던 것이다. 버스 안으로 들어 온 그 청년들을 붙잡고 자신을 속이는 것이 뭐냐고 물어보고 싶었고 또 무슨 말들을 주고받는지 너무 궁금했지만, 일단 정직이란 단어를 가슴속에서 다시 꺼내는 것에 의미가 있었다.

시간이 더 흘러 직장을 다니면서 말을 너무 예의 바르게 잘하는 친구를 만났다. 그 친구는 말뿐만 아니라 외모도 예쁜 친구였다. 그 친구를 보면서 말을 정말 잘하는 것 같아 가까이 지내고 싶었고 친하게 되었는데 왠지 내 마음은 뭔가 허전함이 느껴졌다. 난 그 친구와 더 가까워지고 더 많은 이야기를 나누면서 그 허전함의 정체를 알게 되었다. 그 친구는 자신의 좋은 모습만 드러내고 싶고 인정받고 싶어서 예의 바르고 예쁘게 말하는 것이라는 것을 알게 되었다. 약간 실망은 했지만 그 친구를 좀 더 이해하는 계기가 되었다. 그리고 남에게 상처 주지 않는 말인 동시에 나 자신을 속이지 않고 정직한 말을 하는 사람이 되고 싶었다. 나 자신에 대해 진실해지려면 나를 알아야겠다는 생각을 하게 되었다.

우연한 기회가 되어 비폭력 대화에 대해 배울 수 있었다. 대화와 관련된 마음의 구조와 신념, 방어 기제 등을 하나씩 배우면서 말을 어떻게 진실하게 해야 하는지 알게 되었다. 그 후 코칭스킬을 배우면서 질문을 통해 나 자신에게 솔직해지는 연습을 하기 시작했다. 그리고 코칭을 통해 미래를 꿈꾸게 하고 현재를 더 잘 살 수 있도록 돕는 일에 매력을 느껴서 국내, 국제 코치자격증을 동시에 취득했다. 어느덧 코치로서 사람들을 도우며 활동한 지 13년이 되어가고 있다.

관계를 위한 대화

솔직하게 아무 말이나 막 하는 것과 자신에게 솔직해진 후에 심플하게 말을 하는 것은 완전히 다르다. 이 둘 사이의 가장 큰 차이는 말을 할 때 자신을 알아가는 과정이 먼저 선행되어야 한다는 것에 있다. 가끔 사람들이 커피숍에서 이야기하거나 전화 통화를 하는 것을 우연히 듣게 되는데, 자신이 하고 싶은 말을 참 잘한다는 생각이 들 때가 많다. 그런데 개인 코칭을 의뢰하는 사람들의 고민들 중 가장 많은 것이 "소통하는 것이 어렵다."이다. 그리고 부모 교육 강의 시 부모들이 가장 알고 싶어 하는 것도 자녀와의 대화법이다. 이렇게 많은 사람들이 가장 알고 싶어 하지만 동시에 잘 안되는 부분이 말을 잘하는 것, 소통이다.

말을 잘 못해도 소통을 잘하는 사람이 있다. 또 말은 잘하는데 소통이 안 되는 사람도 있다. 왜냐하면 말하는 것과 소통하는 것은 다르기 때문이다. 말을 잘하는 것은 기술적인 것에 가깝고 소통은 말 외에 연결하는 태도와 좀 더 관련이 있다고 볼 수 있다.

사람들은 왜 말을 잘하기를 원할까? 말과 소통의 문제는 곧 갈등의 문제로 이어지는 주요 원인이 되는데 사람들은 갈등을 원하지 않기 때문이다. 우리는 대부분 대화할 때 상대방의 반응에 의해 자신의 말을 평가하게 된다. 그런데 그 평가는 상대의 기분에 따라 달라지므로 정확하게 평가되지 않을 때가 많다. 그렇기 때문에 사람들의 평가에 의해 흔들릴 필요는 없다. 하지만 관계를 맺을 때 기본적으로 알아야 할 기술들을 알고 있으면 사회생활이나 일, 또는 관계에 있어 도움이 되고 좋은 성과를 낼 수 있게 될 것이다.

사람들은 말을 할 때 자신의 의도가 오해 없이 잘 전달되길 원하고, 멋있게 보이고 싶기도 하고, 인정받고 싶어 하기도 한다. 그 외에도 더 다양하고 많은 이유로 말을 잘하기를 원한다. 하지만 원한다고 모두 그렇게 되지는 않는 것이 현실이다. 어떻게 말을 하면 좋을지를 아는 것과 모르는 것은 엄청난 차이를 가져온다. 말을 잘하는 것을 배우고 연습을 한다면 '말 한마디로 천 냥 빚을 갚는다.'는 속담처럼 될 수가 있다.

말을 잘한다는 것

대부분의 경우 가정에서도 학교에서도 말하기 기술을 제대로 배우지 못한다. 그렇기에 말을 잘하지 못하는 것은 어쩌면 당연하다. 성장 과정에 가정이나 학교 등에서 자신도 모르게 익혀온 말들을 한 번쯤 점검해 볼 필요가 있다. 자신이 배우고 익혀온 말이 고쳐져야 하고, 더 나은 방법을 찾아 변화해야 함을 인정하는 것이 필요하다. 자신의 말에 대해 점검할 필요성을 느끼지 못한다면 자신도 모르게 말을 잘하지 못하는 상태에 머물러 있게 된다.

이미 알고 있는 기술들이 있다면 잘 사용해서 자신에게 도움이 되도록 실천할 필요가 있다. 우리는 다양한 교육들을 통해 말을 잘하는 것과 관련하여 많은 것을 듣고 알게 된다. 그러나 많이 아는 것과 그것을 실제로 대화 속에서 실천하는 것은 완전히 다르다. 많이 안다는 것은 오히려 더 위험할 수 있다. 왜냐하면 아는 만큼 보이기 때문에 남들을 바라볼 때 판단이 들어 비난으로 이어지기 때문이다. 자기 눈 속에 있는 들보는 보지 못하고 남의 눈에 있는 티끌은 잘 보는 경향이 있기에 다른 사람의 말에서 고쳐야 할 점은 잘 보이는 것이다.

그러나 자신이 아는 만큼 실천을 하게 된다면 자신과 타인을 돕는 기술로 발전하게 되고, 그 결과 서로의 관계는 더욱 풍성해질 것이다. 말이 폭력이 아닌 연결이 될 수 있도록 실천하는 것만이 진정한 성장이기 때문이다.

우리는 말을 잘 못하기도 하지만 잘할 때가 더 많이 있다는 것을 알았으면 한다. 잘 못한다는 생각을 하기보다 좀 더 성장하는 자신을 위해 노력할 뿐이다. 말을 잘하고 못하고를 따지기보다는 어떤 마음으로 말을 하는가를 먼저 생각해보는 노력을 할 필요가 있다. 그렇게 하다 보면 어느덧 말을 잘하는 사람이 되어 있는 자신을 발견하게 될 것이다.

+ 상위 1%의 말하기

① 자신이 하는 말의 특징 찾아보기
→ 글로 자신의 생각을 정리해보면 자주 나오는 단어와 말투를 찾을수 있다.
→ 평소에 하는 말을 녹음을 한번 해보는 것도 방법이다.

2

당신은 정말
말을 못하는 것일까?

자신에게 익숙한 말들

　말을 어떻게 잘해야 하는지에 대해 지식적으로는 많이 알고 있음에도 말을 못한다고 생각하는 이유 중 하나는 새롭게 배운 방법을 실천하기가 어색하고 익숙하지 않아서일 수도 있다. 그 외에도 여러 가지 이유가 있겠지만 일반적으로 공감해야 할 때 공감이 안 되거나 설명이 필요할 때 제대로 설명을 못 하는 등 상황에 맞는 적절한 말들을 생각처럼 하지 못할 때도 그렇다. 또는 화가 나서 받아치고 싶은데 아무 말도 못하고 있을 때도 있다. 누구나 그럴 수 있으니 이런 이유로 말을 못한다고 생각할 필요는 없다.

며칠 전 커피숍에서 책을 읽고 있는데, 남녀 한 커플이 대화를 나누고 있었다. 대화하는 시간이 지날수록 여자의 목소리는 점점 커져만 갔다. 여자는 계속 어떤 사안에 대해 결정하라 요구하고 있었고 남자는 생각해 보겠다, 잘 모르겠다는 말만 반복하고 있었다. 주변 사람들은 자리를 피하기 시작했고 나도 듣기 민망해지기 시작했다. 그럼에도 두 사람은 같은 말만 반복했고 목소리가 점점 커지고 있었다. 남자는 자신의 생각을 정리하지 못한 상태인 것 같았고, 여자는 충분히 시간을 주었는데 왜 답을 하지 못하느냐며 답답해서 언성이 높아지는 것 같았다.

누구나 일방적으로 말을 쏟아내는 상대와 함께 있으면 말을 잘할 수가 없다. 상대가 일방적 소통을 하는 경우 공격받는 것 같은 생각이 들어 말을 할 수가 없게 된다. 또 생각한 것처럼 말이 안 나올 때 말을 잘 못한다고 스스로를 판단하기도 한다. 한편, 일방적으로 말을 많이 하는 입장에서는 '내가 말을 잘 못해서 상대가 대답을 못하나?'라고 생각할 수도 있을 것이다. 아니면 자신은 말을 잘 하지만 상대가 말을 잘 못해서 답을 못 한다고 생각할 수도 있다. 상대방은 생각하느라 말하는 사람의 말이 들리지 않을 수도 있는데 말이다. 이렇게 말을 할 때 상대가 어떤 상태인지 고려하지 않고 자기만의 방식으로 생각하고 일방적으로 말하는 것은 대화를 안 하겠다는 것과 같다. 소통을 위한 말을 시도하지만 그런 경우 소통이라고는 볼 수는 없다. 혼잣말일 뿐이다.

누구나 마음이 편하거나 생각이 분명해지면 말을 잘할 수 있다. 그렇다면 분명한 자기 생각은 어떻게 가지게 될까? 자신만의 다양한 경험과 교육으로 인해 가치나 신념이 형성되는데 그 바탕 위에 자신만의 생각이 자리 잡게 된다. 가치도 기준도 없이 생각만 많으면 머리가 복잡해지고 정리가 안 되어 말이 잘 나오지 않게 된다. 분명한 생각을 갖게 되면 좋겠지만, 자신의 생각만이 확실하고 옳다는 주장이 될 수도 있으니 자신의 말을 점검하고 타인을 존중할 줄 알아야 한다. 그렇지 않으면 말은 잘하는 것 같아 보이는데, 관계는 맺고 싶지 않은 사람이 된다. 그래서 함께 있는 것이 불편한 사람이 된다. 자기 기준으로만 세상을 바라보고 사람을 바라보면 그것으로 오해와 갈등이 생길 수밖에 없다. 나의 가치는 내가 지키는 것이지 모든 사람이 다 지켜야 하는 것은 아니라는 생각부터 시작할 필요가 있다. 자신의 기준은 타인이나 세상의 기준이 될 수 없기 때문이다. 생각들이 정리가 되었을 때 책이나 동영상 등으로 알게 된 말하는 기술들을 자신의 가치와 잘 접목해서 사용할 수 있어야 타인과 다른 생각들이 비난이 아닌 협력으로 갈 수 있는 길로 연결될 수 있다.

말을 못한다고 생각하는 또 다른 예로 자신의 익숙한 패턴과 다른 부분을 받아들이기 힘들어했던 경우가 있었다. A라는 여자 분은 가벼운 질문에도 '모른다.'로 대답하는 분이었다. 스스로 말을 잘 못한다고 생각하는 분이었다. 대답을 하지 못할 때 더욱 주눅 든 모습에 안타깝기도 했지만 말을 못하는 사람이라고는 생각해보지 않았다. 대답을 못하는 것이 말을 못하는 것과는 다르기 때문이다. 그래서 이분이 먼저 자신이 할 수 있는 말을 편하게 할 수 있도록 도와주면 좋겠다고 생각했다. 정답만 말하려는 습관이 있는 경우 주관적인 답이 있을 때는 말을 잘하게 되는데, 이분은 어떤 주관적인 답 속에서 살아가는지 궁금했다.

A씨의 경우 어린 시절 부모에게 자신의 생각을 표현했을 때, 말대꾸한다고 심하게 야단을 맞은 기억이 여러 번 있었다고 한다. 그 후 부모의 말에 무조건적으로 따르기만 하고 시키는 것만 해왔기 때문에 스스로 무엇을 생각한 것을 표현하는 것이 무모하다고 생각하며 포기하고 살아왔었다고 한다. 어차피 표현할 수 없었기에 부모님이 생각하는 정답만 말하려는 노력을 하며 살아왔던 것이다.

그러나 사회는 다양한 사람과 세대들이 함께 부딪히며 관계를 맺어간다. A씨의 과거 경험에서 비롯된 소통방식으로 인해 직장 내 관계에서 문제가 생겼다. 직장에 들어온 지 얼마 안 된 신입직원이 어떤 일을 시킬 때마다 왜 해야 하는지를 물어봐서 자신도 모르게 화가 난다는 것이었다. 새로 들어온 직원이 자신을 무시한다는 생각도 들고, 질문을 들으면 머리가 하얘지면서 주눅이 들고 왠지 모르게 화가 난다는 것이었다. 그러면서도 그 직원과 잘 지내고 싶은 마음 때문에 하고 싶은 말을 화 내지 않고 잘하고 싶다는 것이었다. 아마 새로 들어온 신입직원은 당황하게 하려고 물어본 것은 아니었을 것이다. 해야 할 일의 목적과 의미를 알아야 제대로 잘할 수 있기 때문에 물어봤을 것이다. 우리는 세대도 다르고 다른 환경에서 자라왔기 때문에 말을 이해하는데도 오해가 있을 수 있다는 것을 알아둘 필요가 있다.

A씨의 기준으로는 명확하게 해야 할 일을 말했다고 생각했는데 새로 온 직원이 질문을 함으로써 당황하고 오해를 하게 된 것이다. A씨는 질문에 익숙하지 않았고 직원은 늘 질문을 하는 사람이었기에 이런 경우 자신이 말을 못한다고 생각하게 되거나 상대에게 문제가 있다고 생각할 수 있다.

남들이 보는 대로 나를 생각하는 것

또 말을 잘 못한다는 말을 들은 적이 있는 경우에도 쉽게 자신이 말을 못한다고 생각할 수 있다. 말이 통하지 않았던 경험이 쌓이다 보면 '나는 말을 못한다'는 생각이 들 수 있다. 말이 통하지 않는 경험도 다양하게 할 수 있는데, 그중 하나로 세대 간에 말이 통하지 않는 것을 예로 들 수 있다. 베이비 붐 세대와 X세대와 밀레니얼 세대는 말하는 것에 많은 차이가 있다 보니 말로 인한 오해가 생길 수 있다. 예를 들어 밀레니얼 세대인 90년생 신입사원의 경우 일의 의미가 확실해야 그 일을 좀 더 잘할 수 있기 때문에 지시를 내린 상사에게 물어볼 수 있다. 그런 질문을 받아본 일이 없는 베이비 붐 세대의 상사는 반항하는 거냐며 그를 책망을 할 수도 있다. 이러한 대화방식의 차이에서 비롯된 오해로 인해 말이 통하지 않는 일이 쌓이다 보면 자신이 말 못하는 사람이라는 생각이 들 수 있다. 우리가 말을 못하는 것에 집중하다 보면 말을 잘하는 사람과 함께 있으면 주눅이 들어 말을 못하게 되기도 하고 스스로를 믿지 못하게 된다. 그리고 상대방의 말에 맞춰주다가 주어진 시간이 다 지나갈 수 있다. 그렇게 되면 자신이 무슨 말을 하려고 했었는지도 모른 채 대화는 끝이 날 수 있다.

우리는 자신과 타인의 소중한 시간을 위해서라도 말을 못한다는 생각을 하기보다는 전하고 싶은 말을 지금 하고 있는지에 집중하는 것이 낫다. 우리는 상대를 완벽하게 알 수 없고 말도 완벽하게 표현하기 어렵다. 말로 상처를 전혀 주지 않고 살아갈 수도 없고 상처를 전혀 받지 않고 살 수도 없다. 다만 존중받지 못할 사람은 없다는 것을 기억하며 사람들을 대한다면 다양한 문제를 해결할 수 있는 여러가지 방법이 생기게 될 것으로 기대한다.

① 만났을 때

→ 가볍고 유쾌한 대화로 시작하며 상대의 안부 묻기, 반응하기

② 말을 잘 못한다는 생각이 들 때

→ 전하고 싶은 말이 전달되고 있는지 확인하기

③ 상대가 말을 잘 전달하지 못할 때

→ 상대는 무엇을 이야기하고 싶어 하는지 확인해보기

3

말이 제대로
전달되지 않는 이유

이해받고 싶은 말

"선생님! 이 사람과는 도저히 말이 안 돼요!"

"내 말을 못 알아들어요."

"벽에다 이야기하는 게 낫겠어요."

한 부부가 나를 찾아왔다. 우선 부부의 이야기를 따로 들어보니 각자의 생각이 너무나 분명하였고 말하는 내용은 양쪽 입장 모두 이해가 되었지만 서로 말을 듣지 못할 정도로 자신의 의견을 강조하고 있었다. 그리고 서로 상대가 자기 생각만 고집한다고 주장했다. 앞에서도 이야기한 것처럼 생각이 분명하되 유연성을 가지는 것이 필요한데 이 부부는 상대가 자신의 생각을 수용해주기만 바랄 뿐 상대방의 생각을 수용하려 하지 않았다. 우리는 서로의 의견이 맞지 않을 때 이런 경우가 생긴다. 사람들은 일반적으로 이야기를 들을 때 자신만의 방식으로 듣고 말하게 된다. 그러다 보면 상대방의 말이 들리지 않고 듣지 않으니 자기주장이 강해진다. 그래서 말을 했는데도 말을 못 알아듣는 것처럼 느끼게 된다.

어릴 적 나는 내가 말을 못한다고 생각도 했었지만 용기 내어 말을 했음에도 주변 사람들이 내 말을 못 듣는 경우도 있었다. 그때는 못 듣는 것이 아니라 안 듣는 것이라 생각했다. 말을 안 하니 관계가 약해지고 내 존재감은 점점 약해져가고 있었다.

나의 존재를 무시하거나 폭력을 행사한 상대가 아이들뿐만 아니라 선생님들도 있었기에 부정적인 영향을 더 많이 받았던 것 같다. 그때 '나의 존재는 아무것도 아닌가 보다.'라는 생각이 머리에 들어왔고 온몸의 힘이 다 빠져나가는 듯 기운 없이 지냈었다. 관계가 힘들었던 때였기에 말을 잘 못했고 말을 해도 상대방의 귀에 들어갔다가 그대로 새어나간다는 느낌이 들었다. 오히려 말을 하면 할수록 기운이 빠지게 되었다. 그래서 더 말을 할 수가 없었다. 몸이 너무 아프고 힘든 하루하루는 또다시 입을 다물게 만들었다. 슬픔이 익숙함으로 바뀌려고 했다. 아프다고 해도, 힘들다고 해도 왜 내 말을 못 알아들을까? 그때는 사람들은 자신들이 이해되는 수준으로만 이해한다는 걸 몰랐던 것이다. 그런 학교생활을 통해 나는 '나의 생각이나 상황은 아무에게도 이해받지 못한다, 말을 할 필요가 없다, 내 말은 아무도 듣지 않는다, 내가 하는 말을 사람들은 못 알아듣는다.'라는 생각을 하게 되었던 것이다. 이런 생각이 오히려 그와 같은 나를 만들고 그런 관계를 지속시킨다는 것을 나중에야 알았다. 그 당시의 교육 환경은 개별 학생의 개성이나 다양성을 존중하거나 형편을 살펴주는 데 한계가 있었기에 남들과는 좀 다른 관점으로 생각해보는 나의 총명함은 서서히 빛을 잃어갔다. 그리고 빛이 사그라지는 만큼 몸도 많이 아팠던 것 같다. 몸이 아파서 말을 안 했었는지, 살아 있다는 생동감을 못 느껴서 몸이 더 아팠는지 순서는 모르겠지만 일반적으로 사람들이 알고 있는 '몸과 마음은 연결되어 있다.'라는 전제를 둔다면 마음의 영향도 조금은 있었을 것이다.

어떤 경우에는 힘들어서 말을 못하는 것과 말을 해도 듣지 않는 상황을 너무 심각하게 생각하지 않도록 도와주는 것도 필요하다고 본다. 말을 못 알아듣는 것이 아니라 안 듣는 사람의 경우도 있었다.

여럿이 식당에서 밥을 먹으려고 앉았는데, 그 사람은 주문을 위해 인원수를 체크했다. 그런데 주문을 받을 때 나만 빼고 체크했다. 나에게는 물어보지 않고 내가 이야기하는 것은 듣지를 않고 주문을 하였다. 다른 사람들도 함께 있었고 분위기를 생각해서 조용히 따로 주문을 했다. 바로 옆자리에 앉아 들리도록 이야기했음에도 그런 반응을 보이는 것은 나로서는 이해하기 어려웠다.

내 존재감은 타인에 의해 만들어지는 것은 아니지만 상대를 통해 내 존재에 대해 무시당하는 듯한 느낌은 과거의 기억을 떠올리게 해서 더욱 불쾌했다. 나는 따로 조용히 존재감과 소외감에 대한 나의 문제도 함께 이야기하며 자연스럽게 식사 주문할 때 혹시 내 목소리가 작아서 못 들었는지에 대해서 물어보았다. 그러나 "들었는데 잊어버렸다."라고만 대답했고 전혀 민망해하거나 무안해하지 않는 모습을 보면서 나는 나의 말을 못 알아듣는 것이 나의 문제만은 아니라는 것을 확인했다. 그리고 나는 상처 주는 타인의 말을 크게 의식하지 않기로 생각했다. 오히려 그런 상황들을 통해 나와 타인을 더 알아가는 기회가 된다. 미래의 자신을 만들어가기 위해 자신의 존재감도 소외감도 스스로 만들어가는 과정이 중요하다.

자기 생각에 빠지는 경우

그렇다면 사람들의 말을 어떨 때 잘 알아듣는가? 한 번에 알아듣는 경우도 있지만 여러 번 말해줘도 전달이 정확히 안 되는 경우가 있다. 대부분의 경우 자기 생각에 빠지게 될 때 그럴 수 있는데 그 경우가 제법 많기 때문에 가끔 직장에서나 부모들이 자신의 말을 잘 이해했는지 상대에게 확인하는 방법을 쓰기도 한다. 한 예로 말을 한 후, "내가 지금 무슨 말을 했는지 네가 이해한 것을 얘기해볼래?"라고 하는 방식이다. 들은 사람이 스스로 질문에 대한 답을 정리하는 데 도움을 줄 수 있고, 대답한 후에 머리와 마음에 기억하게 하는 긍정적인 효과도 있다.

그런데 그 방법을 잘못 쓰게 되면 강압적으로 느껴질 수 있고, 권위자 입장에서 자주 확인을 하다 보면 자기 확신이 부족한 직원이나 자녀 입장에서는 '내가 말을 잘 못 알아들어서 확인을 하는 걸까?', '나를 믿지 못해서 확인하는 걸까?'라는 생각을 할 수도 있다.

또 어떤 경우는 말을 못 알아듣는 것이 아니라 듣고도 못 들은 척하는 일도 있다. 이런 경우는 원치 않는 것은 못 알아들은 척하거나 스르륵 넘어가려는 마음이 있기 때문이다. 예를 들어 공공장소에서 정한 규칙을 무시하며 자신을 편안하게 해주기 위해 순간적으로 합리화하는 경우가 있다.

커피숍 안에 일행 3명이 일회용 용기를 쓰면 안 되는 걸 알면서도 일회용 컵을 가지고 자리를 잡고 앉아 있었다. 직원이 다가가서 일회용 용기로 매장 내에서 마시면 안 된다고 하니 알았다는 대답만 하고 3명 모두 일어날 생각을 안 하고 1시간을 더 앉아 있었다. 또다시 다른 직원이 다가와서 말하자, 두 번째 요청에 의해 일어났다. 첫 번째 말을 할 때 3명 모두 말은 들었지만 그곳에 앉아서 마시는 것을 암묵적으로 스스로에게 허용했다. 자신의 행동은 타인의 말이 아닌 자신의 생각에 의해 선택된다. 그리고 그 선택은 행동으로 표현이 된다. 그래서 작은 행동 하나도 자신의 언어가 되는 것이다.

말을 전달할 때 듣는 입장에서 듣지 못하는 이유를 3가지 정도는 생각해볼 필요가 있다. 첫째, 말하는 상대방의 실수로 못 알아들을 수 있다. 둘째, 자신이 원하는 것만 듣고 있을 때도 못 알아들을 수 있다. 셋째, 듣는 사람에게 생각할 시간이 필요해서 들리지 않을 수도 있다. 일단 3가지만 생각해도 나의 말을 못 알아듣는다고 상대를 오해하거나 상처받는 일은 줄어들 것이다. 물론 내가 어떻게 전달하고 있는지 알기 위해 전달 기술이 필요하지만 어떤 경우는 생각이나 태도의 문제이기도 하다. 상대가 내 말을 못 알아듣는다는 것이 말할 때 전달을 못했기 때문만은 아니다. 말을 전달할 때의 분명한 표현도 필요하지만 듣는 사람이 어떤 상태인지에 따라 달라지고 듣는 방식에 따라 달라질 수 있다. 이 점을 인식하지 못하면 상대방이 못 알아듣는 것에 대해 자신도 모르게 상대를 판단할 수가 있다. 상대가 나를 무시한다고 생각할 것인지, 상대의 상태나 상황에 대해 이해해볼 것인지를 선택해야 한다. 생각의 선택은 새로운 관계를 만드는 데 중요한 결정적 요소가 된다.

자신에게 동기 부여가 되고 에너지를 얻었던 경험을 이야기할 때는 상대방도 그 에너지를 그대로 받게 된다. 말하는 사람의 기분과 에너지가 그대로 전달이 되기 때문이다.

말은 부정적이었는데 에너지는 긍정적인 사람을 만난 적이 있다. 그는 "힘들어 죽을 것 같아!"라고 말했지만 자신감이 넘쳐 보였다. 사람들은 그분의 에너지를 믿어야 할지, 말의 내용을 믿어야 할지 혼란스러워했다. 힘들어 죽겠다는 말이 괜한 엄살로 보이기도 하지만, 상황을 보면 응원과 도움이 필요할 것도 같았기에 사람들은 어디에 장단을 맞춰야 할지 몰랐다. 이분은 자신의 마음 상태가 어떤지, 자신의 마음에 무관심한 경우였다. 내면은 이겨낼 힘이 있는데 말로는 못한다, 안 된다는 말의 습관으로 인해 말과 마음이 일치가 되지 않았다. 일치되지 않는 말은 신뢰가 가지 않는다.

※ 상대가 안 들리는 경우 기다려줄 때 하는 말

① 다른 생각하느라 못 알아듣는 경우

→ 침묵으로 기다린다.

② 자신이 원하는 것만 듣는 경우

→ 자신은 ~ 이 중요하다는 것을 알아차리고 말해준다.

③ 상대가 생각이 필요한 경우

→ 생각이 필요하면 다음에 다시 이야기하자고 말해준다.

짧게 전달하는 말이
전부는 아니다

서로에게 맞는 속도와 길이

모든 것이 빠르게 돌아가는 세상에서 속도를 맞추기는 쉽지 않다. 잠깐이라도 한눈을 팔면 시대에 뒤처지는 것이 아닐까 걱정이 되고 많은 정보와 기술의 홍수 속에 사람들은 자기다움을 잃어가는 모습을 보게 된다. 말도 마찬가지로 하나의 스킬로 모든 이들에게 적용하려고 하다 보니 상대에게 맞지 않은 방법들을 쓰게 되고, 그런 자신에게 '난 안 되나 보다.'라고 하거나 '내 주변 사람에게는 어떤 스킬도 통하지 않아.'라며 빨리 포기한다. 빨리 배우고 빨리 적용하며, 빨리 포기하고 빨리 새로운 것을 찾으려 한다.

요즘은 자신의 독창성을 살리는 것을 중요하게 여기며 개인 브랜딩에 관심을 가지고 있지만 빠름을 좋아하는 사람들은 시대에 뒤처지지 않고 속도에 맞추기 위해 조급해지는 모습들을 보게 된다. 그러나 아무리 빠르게 잘되는 것처럼 보이더라도 그 속에는 많은 경험들이 누적이 되어서 넘치는 과정들이 있었다는 것을 볼 수 있어야 한다.

말을 짧게 하는 경우를 살펴보면 3가지가 있다.

첫째, 간단한 것을 추구하려는 경향 때문에 말을 짧게 줄여 쓴다. 몇 년 전 어떤 아이가 "생파 때 생선 뭐 해주실 거예요?"라고 했다. 말을 처음 들었을 때 나는 '생파랑 생선이랑 같이 먹으려고 하나 보다.' 생각했다. 줄인 말이 많아서 외계어처럼 들려 아들의 통역이 필요할 때가 있었다. SNS를 통한 소통이 보편화되면서 이런 현상은 더 심화돼가고 있다.

둘째, 통하고 싶은 사람과만 통할 수 있도록 하기 위해 은어처럼 줄임말을 사용한다. 다른 사람들이 자신들의 말을 알아듣지 못하게 하고 자기들끼리만 자유롭게 이야기하며 재미를 느끼는 것이다. 우리끼리만 통하고 싶다는 것인데, 특히 청소년들 사이에서 많이 볼 수 있다. 그들이 그러는 이유는 다양하겠지만 그중 중요한 것은 그들이 어른 세대에게 말해봤자 자기들만 피해를 본다고 느끼기 때문일 것이다. 다시 말해 연결해서 좋을 것이 없기에 어른들이 알아듣지 못하도록 하는 것에서 시작되었다고 볼 수 있다. 어른들은 아이들에게 관심이 있다는 것을 표현하기 위해 단어의 뜻을 캐내고 따라 하기 위해 애쓴다. 그러나 관심을 가져야 할 부분에서는 여전히 관심이 없고 말하는 방식만 따라 한다면 자기방식대로의 접근법이라고밖에 볼 수 없다. 그런 접근도 소통을 원하기 때문인 것은 맞지만 진정한 소통은 기대하기 어렵다.

셋째, 앞뒤 문맥은 무시하고 결론만 이야기하는 것이다. 듣는 사람 입장에서는 황당할 수 있고 설명을 필요로 한다. 설명이 필요한 사람은 이해가 되어야 결론을 받아들일 수 있는데, 말하는 사람은 말하기 귀찮아져서 설명을 안 하게 되면 또 다른 갈등이 생기게 된다. 결론만 말하기의 극치는 토막 내서 말하기인데, 앞뒤 맥락 없이 문장도 아니고 단어 던지듯이 말을 한다. 말을 하는 사람의 머릿속 생각과 다르게 말을 급하게 하려다 보니 순간적으로 떠오르는 단어나 느낌으로만 말을 하는 것이다. 듣는 사람과의 소통을 기대하기 참으로 어려운 경우다.

급한 생각으로 오히려 길어지는 말

주어 없이 말을 하는 사람을 만난 적이 있다. 누가 그 말을 했는지 누가 그렇게 행동했는지는 빠지고 목적어와 동사만 쓴다거나 애매모호한 표현으로 알 수가 없었다. 누구와도 대화가 어렵겠다는 생각이 들 정도였다. 머릿속에 무슨 의도로 이야기를 하는지를 파악해야 하기 때문에 대화는 어렵고 중간중간 "누가요?"라는 질문도 해야 하고, "어떤 일이었나요? 무슨 뜻이에요?"라고 계속 물어봐야 됐다.

　그런데 재미있는 것은, 본인이 결론을 이미 가지고 있었기에 다 이해는 안 돼도 들어주는 것만으로 충분했다는 것이다. 그래서 가끔 말이 안 되는 이야기에 너무 진지하게 이해하려고 애쓸 필요는 없구나 생각했다.

　나는 코칭을 받으려는 사람들을 보면 마음이 건강하게 보인다. 문제가 있다는 것을 인정하는 것에서부터 변화가 시작되기 때문에 또 더 나은 삶을 살기 위해 코칭을 받는 것이기에 건강하다고 본다. 그런 분들은 피드백도 소중하게 들을 줄 아는 사람들이다. 하지만 관계를 맺을 때 무례하게 접근하는 사람이 있다. 친분도 없는데 커피 한잔하자는 제안으로 자신의 고민을 드러내지만 자신의 생각이 옳다는 전제를 가지고 공감이나 인정만을 얻기 위해 만나기 원하는 사람들을 보면 시간이 아깝다는 생각을 한 적도 있다.

　한 번 만나는 것으로 많은 변화를 기대하는 사람도 있다. 코칭에는 어느 정도의 시간이 필요하다는 것을 알려주어도 빨리 변화될 수 있다고 생각한다. 한 번은 부부 코칭을 요청한 사람이 있었는데, 한 번에 시간을 길게 잡아서 한 번 만에 부부 문제를 해결해달라는 제안을 해왔다. 내용상 시간이 필요한 부분이었지만 시간을 어느 정도 투자하는 것을 아까워하는 것을 보며 나는 그런 실력은 없으니 많은 비용이 들고 영어로 코칭을 받더라도 해외에 계신 실력 있는 코치분을 소개해드린다고 했다. 자신에게 인색하고 자신을 위해 시간과 돈을 투자하지 못하는 사람 중에는 늘 부족감에 시달리는 사람도 있다. 그리고 초조함과 불안감으로 늘 꿈꾸는 것이 미래가 아닌 현재의 현상 유지만을 위해 애쓴다. 어떤 경우는 짧게 빨리 하는 것이 좋을 때도 있고 지름길로 가야 될 때도 있다. 그렇지만 노력 없이 무엇이든 빨리 얻으려고 하는 것은 모래 위에 집을 짓는 것과 같다. 조그마한 자극에도 쉽게 넘어지지 않으려면 자기 신뢰의 뿌리를 깊이 내려야 한다. 신뢰는 모든 관계의 기초이자 뿌리이다. 자신에 대한 믿음이 없으면 어떤 기술도 쉽게 흔들릴 수 있기 때문이다.

+ 상위 1% 말하기

※ 짧게 줄여서 쓰는 말을 되도록 쓰지 않는 것이 좋다

① 상대가 말을 짧게 하는 경우

→ 똑같이 줄여서 말하지 않아도 된다.

② 결론만 말하는 습관이 있는 경우

→ 결론과 함께 설명이나 이유를 덧붙인다.

5

무엇을 말할 것인지
생각하고 말하라

상대에 따라 다르게 하는 말

초등학교 5학년 때쯤 반 아이 중에 너무나 예쁘고 인기도 많은 아이가 있었다. 그 아이가 다른 아이들에게 돈을 잘 빌리는 것을 보았는데, 대부분의 아이가 돈을 돌려받지 못하는 것 같았다. 나는 그 아이의 그런 행동이 이해가 되지 않았다. 그래서 '돈을 빌린다는 것은 갚겠다는 것인데 왜 아이들에게 돈을 갚지 않느냐고 물어봤다. 친하지도 않았는데 너무 직선적으로 물어본 것이다. 지금이라면 나의 궁금증을 풀기 위한 질문은 하지 않았겠지만 나 또한 어렸기에 미숙한 순수함에 용기까지 더해져서 상대 아이의 입장은 전혀 생각하지 못했다. 공격하는 느낌이 들지 않게 이야기해야 했는데 그러지 못했던 것이다. 누구보다 말로 상처 주기 싫어했던 나 또한 다른 공격의 언어를 쓰고 있었던 것이다.

그 아이의 얼굴이 갑자기 굳어지고 눈동자는 흔들렸다. 어떻게 말을 해야 할지 모르는 듯 당황한 표정이었다. 아마 그때 그 아이는 숨기고 싶은 치부가 드러나는 것 같아 수치스럽고 화도 났을 것 같다. 그 아이가 체육시간에 줄넘기를 하다가 쉬는 시간에 나를 불렀다. 별로 친하게 지내고 싶지도 않고 왠지 기분이 안 좋았지만 다가갔는데, 보자마자 들고 있던 줄넘기 줄로 내 뺨을 힘껏 내리쳤다. 나는 너무 놀라 아무 말도 할 수 없었다. 그 아이 앞에서 자리를 빨리 피해야겠다는 생각만 들어서 나는 돌아서서 집으로 향했다. 오는 길에 사람들이 쳐다봤지만 눈물을 꾹 참았다. 그 아이의 눈빛에서 느껴지던 살기가 생각나서 무서웠고, 사람이 화를 품고 있으면 저렇게 아무렇지도 않게 폭력이 나올 수도 있구나 생각했다. 화를 품는다는 것은 화를 표현하지 못해 참는 것이다. 표현 방식을 모르기에 그 화가 나올 때는 파괴적인 행동으로 나올 수도 있다는 사실을 알았다. 나는 집으로 가는 골목길에 쭈그리고 앉아서 뺨의 붓기와 자국이 없어질 때까지 소리 없이 울었다. 그리고 먼지 털어내듯 마음을 툴툴 털어내고 집으로 갔던 기억이 난다.

내가 울었던 것은 억울함이나 아픔보다 사람에 대한 무서움 때문에 울었던 것 같다. 그리고 '내가 하는 말이 잘못되었나? 내 말이 이렇게 상처를 주는 것일까?'라고 생각하며 아무리 맞는 말이라도 상대의 입장을 먼저 생각하고 말을 해야겠다고 결심했다. 말은 조심해서 해야 한다는 생각을 더 확실히 하는 계기가 되었다. 또한 화를 품고 있으면 위험하다는 생각과 방법은 생각을 못 했지만 화를 빨리 알아차리고 해결하는 것이 필요하다는 생각을 했다.

다음 날 학교에 가서 나는 결심한 것처럼 말을 조심하기 위해 관계에서 거리두기를 했던 것 같다. 이상하게 그 아이에 대해 화가 나지 않았던 이유는 거리를 둔 것도 있지만 나의 말하는 방식에 대한 고민을 하느라 그 아이에 대해서는 크게 신경을 쓰지 않았던 것 같다. 그러나 일부러 다가가서 이야기하고 싶은 마음은 없었다. 나랑은 다른 생각을 가진 아이, 예쁘고 인기를 끌 만큼 말도 잘했지만 약속은 지키지 않는 아이, 왠지 그 아이의 부모가 무서울 것 같다는 느낌만 가지고 나는 일방적으로 그 상황을 종료시킨 것이다. 사과를 받을 생각조차 못 했고 화해도 못 했지만 그 경험으로 인해 아무리 좋은 말이라도 상대의 상태나 상황을 고려하며 생각해서 말을 해야 한다는 것을 절실히 알게 된 사건이었다.

현재는 코칭 시 직면을 시켜야 할 때 시원하게 직면시킨다고 사람들이 알고 있다. 그러면서도 직면이 부드럽기 때문에 기분 상하지 않고 오히려 고맙게 느껴진다는 것이 대부분 사람의 피드백이다. 그 이유는 직면에 대해 진지하게 고민을 많이 했기 때문이라고 생각한다. 자신의 생각이 아무리 옳은 것이라고 생각하고 상대에게 필요한 말이라 여겨지더라도 상대가 원하지 않을 때나 적절한 상황이 아닐 때 하면 상대는 이해되지 않아 부담스러워진다. 필요할 때를 파악하는 것은 상대에 대한 관심이 있을 때 가능하다.

자신이 아는 것이 아무리 좋은 내용이더라도 일방적으로 제공해주는 것은 자기만족을 위해 하는 것일 수도 있다. 이런 방식은 상대가 순간적으로는 고마움을 느낄 때도 있지만 상대는 정작 적용도 못 하게 되고 아는 만큼 안 되어서 포기할 수 있기 때문에 자신의 생각을 내려놓고 바로 내 앞에 있는 사람에 대한 관심을 가져야 한다. 그러나 상대를 위해 채워주어야 하는 사람도 있다. 그때 질문 하나면 충분한지 공감만 필요한지를 구분해내는 것은 자기 생각을 알려주려고 하는 조급함만 내려놓는다면, 누구나 분별할 수 있고 상대의 필요한 것을 찾을 수 있다.

변화의 시점은 사람에 따라 다르고 때가 있다

나는 오래전에 내 문제로 인해 실수한 경험이 있다. 아버지에 대한 분노를 가진 사람을 만난 적이 있는데 아버지 존재를 기억에서 지워버리고 남처럼 살고 싶어 하는 분이었다. 너무 안타깝고 마음이 아픈 이야기를 들으며 공감은 했지만 그 마음이 너무 굳어져 있어서 나도 모르게 급한 조언을 하고 말았다. 충분히 공감도 되었고 마음이 열려 있긴 했지만 시간이 필요했던 일이었고 시간을 두고 스스로 느끼도록 할 부분이었는데 내가 먼저 말을 해버린 것이다. "아버지에 대해 실망스럽고 미워하는 부분은 너무나 이해되지만 존재한다는 것만으로도 조금은 다행이라고 생각 하지 않나요?" 존재 자체를 부정하고 싶은 사람에게 이런 말을 하다니…. 순간, 나는 이 말이 내 문제라는 것을 알았고 바로 사과를 했다. 내가 너무 성급하게 말해서 혹시 상처가 되었다면 미안하다고 했다. 그리고 그분의 다른 문제부터 해결한 후 아버지에 대한 생각과 감정을 달리하도록 도와주었다. 물론 나도 아버지를 그리워하는 내 문제를 해결했고 그 후로는 상대방의 말을 있는 그대로 잘 듣고 있는지를 늘 염두에 두게 되었다. 실수를 통해 배웠던 경우다.

한 번은 무엇을 말하는지 서로 모르는 부부의 경우도 있었다. 이 부부는 결혼한 지 얼마 안 되어 서로에 대한 기대를 많이 하며 신혼 생활에 접어들었다. 아내는 시댁과의 문제로 힘들어하고 있는데 남편의 입장에서는 양쪽 모두 중요했기 때문에 어찌해야 할지 몰랐고 아내가 오히려 자신을 이해하지 못하고 괴롭힌다고 생각했다. 서로 이해받지 못해 서로를 이해하고 싶어 하는 마음들이 사라지고 모든 상황은 불만족과 불평으로 신혼 생활이 채워지고 있었다. 목소리는 크지 않았지만 말의 내용은 자신이 원하는 것과는 반대로 이야기를 하고 있었다. 잘해봐야지 하면서도 말은 반대로 나오는 경우였다. 꼭 청개구리가 목구멍에서 말을 바꾸기라도 하는 것 같았다. 이와 같이 자신이 원하는 것과 반대로 이야기하는 일들로 인해 부부관계가 좋지 못한 경우가 있다. 그 부부와 만나는 과정에서 서로가 정말 원하는 말이 맞는지를 계속 확인시켜주어야 했다.

불평이 습관화되고 말의 패턴이 어느 정도 굳어지게 되면 바뀌지 않는다고 생각하지만 다시 바꾸는데는 원하는 마음만큼 속도가 빨라지기도 한다. 다행히 그 부부는 목구멍의 청개구리를 빼내고 서로 협력해서 문제를 바라볼 수 있는 시간이 빨랐다. 신혼이든 오래 살아온 부부이든 함께 산 세월보다 변화를 얼마나 원하는지가 변화속도에 영향을 미친다. 일이든 관계든 자신의 꿈이든 정말 원하는 방향으로 가는 것인지를 확인하는 습관이 되어 있다면 인생을 살아가는 데 좀 더 확신을 가지게 될 것이라고 생각한다.

문제에 대해 접근할 때 사람을 문제로 바라보는 시점이 아닌 사람과 분리해서 문제만 바라보는 연습이 필요하다. 사람은 사람이고 문제는 문제이지, 사람이 문제 자체이지는 않다는 시각이 필요하다. 사람 자체는 그 문제보다 더 크고 소중하다는 것을 잊지 않고 관계를 맺어간다면 관계가 파괴되는 일들이 좀 줄어들지 않을까 하고 생각해 본다.

무엇을 말할 것인지를 생각하는 것에 대해 세 가지를 정리해보면 좋을 것이다.

첫째, 지금 해야 하는 말인지 시간이 필요한 말인지를 분별해보기
둘째, 상대방에게 해야 하는 말인지, 자신을 돌아봐야하는 말인지를 분간해보기
셋째, 공격하기 위한 말인지, 협력하기 위한 말인지를 자신에게 솔직하게 찾아보기

이렇게 3가지만 생각하고 구분하기만 해도 말이 내실있어질 것이다.

※ 무엇을 말할 것인지 생각하기

① 상대에게 해야 할 말인가? 자신을 돌아봐야 할 말인가?

→ "당신의 말 때문에 화가 나!"인 경우, 화를 나에게서 먼저 찾아보고 상대에게
는 "그 말은 이렇다는 말이지(긍정적 의미)?"라고 말하기

② 지금 해야 할 말인가? 나중에 해도 되는 말인가?

→ "사랑해~ 근데 집에 가면 이것 저것 해놔~"라고 말하려는 경우, 지금은 "사
랑해!"라는 말만 하고 집에 있을 때 부탁하기

③ 공격을 위한 말인가? 협력을 위한 말인가?

→ "내가 이렇게 하라고 했는데 왜 그렇게 계속하지?"라는 생각이 드는 경우, "내
가 부탁한 것과 다른 방향으로 생각하는 것이 있었나?"라고 생각해보기

6

당신은 말에 대한 평가에 관대한가?

남들이 보는 나와 내가 보는 나

당신은 자신에 대해 어떻게 평가를 할 수 있는가? 좋게 하거나 나쁘게 하거나 두가지로 자신을 평가하게 되는데, 일반적으로 자신에 대한 평가는 좀 더 좋게 하는 경향이 있다. 그러나 또 반대로 자신의 평가를 좋지 않게 하는 경우도 있다. 자신에 대한 평가 기준도 각자 다를 텐데 왜 사람들은 자신의 평가가 더 좋거나 더 안 좋을까? 그렇다면 말에 대한 평가는 어떤가?

몇 달 전에 자신의 말에 자신감 넘치는 사람을 만난 적이 있다. 주변 사람들이 그를 대하는 것이 너무 힘들어서 나를 소개한 것이다. 그분은 상담도 배웠고 강의를 하고 있는 분이었는데 자신은 말을 너무 잘한다고 하였다. 그런데 사람들은 왜 자기의 말에 반응이 좋지 않은지 모르겠다고 다른 사람들이 문제라며 억울해했다. 그녀의 스토리를 들어보니 그녀는 가족들 중 가장 인정받는 아이로 자랐고 그 인정을 받기 위해 늘 경쟁하듯 최선을 다하며 살았다. 그 최선을 통해 받는 인정은 너무 달콤했다. 그것만이 사랑이라고 생각해서 자신을 늘 평가하며 재촉했다. 어릴 때 받았던 그 달콤한 칭찬의 맛을 계속 느끼고 싶어서 다른 사람들에게도 똑같은 방식으로 관계를 맺다 보니 친구들도 힘들어했고, 직장에서도 동료와 관계 맺는 방식이 어색할 수밖에 없었다. 그녀는 다른 사람들의 입장에 서기보다는 자신이 항상 주인공이 되고 싶어 했다. 하지만 그녀는 일단 자신의 모습과 현실을 인정하는 것이 필요했다. 그런 후 점점 자신이 과하게 기대하는 것을 깨닫고 그것들을 내려놓기 시작했고 지금은 다른 사람을 진심으로 배려하며 살고 있는 모습으로 변화되었다.

사람들은 과거에 맛보았던 것을 그리워하며 끊임없이 마음속으로 추구하게 된다. 자신이 왜 그렇게 눈치 보면서까지 노력하는지, 정작 원하는 것이 무엇인지 모른 채 자신의 욕구를 채우기 위해 자신과 타인을 모두 힘들게 하며 살아가는 사람들이 있다. 자신에 대한 탐구를 하는 사람은 그런 부분을 알기에 스스로를 변화시킬 수 있다. 가끔 예전의 모습으로 돌아가기도 하겠지만 자신의 모습을 이해하는 사람은 다시 원하는 모습으로 돌아오는 것이 쉽다. 그런 변화에 대해 포기하지 않고 스프링처럼 올라갔다 내려갔다를 반복하면서 상승곡선을 그리는 성장을 즐기는 것이 필요하다. 스프링처럼 올라갈 때의 힘은 예전과는 분명히 다른 힘이 작용할 것이고, 올라갈 때마다 회복탄력성도 커질 것이기 때문이다. 나는 스프링이 떠올라서 스프링 성장이라고 이름을 붙였다가 좀 더 부드럽게 표현하기 위해 나선형 성장이라고 말해주었다.

사람들이 자신이 생각하는 것보다 더 좋은 평가를 하거나 더 안 좋은 평가를 하게 되는 이유에는 잘못된 결론에 도달하더라도 능력이 없기 때문에 실수를 알아차리지 못하는 현상 때문이다. 이런 현상을 '더닝 크루거 효과'라고 한다. 더닝 크루거 효과는 코넬대 대학원생 데이비드 더닝과 저스틴 크루거 교수가 학부생을 대상으로 한 인지편향 실험을 통해 제안한 이론이다. 이 실험은 논리시험을 실시하면서 답안지와 함께 자신의 예상 성적 순위를 제출하도록 주문했다. 성적이 낮은 학생은 예상 순위를 높게 평가했지만 성적이 높은 학생은 스스로를 낮게 평가하게 되는 결과가 나왔다. 능력이 없는 사람의 착오는 자신에 대한 오해에 기인하고, 능력이 있는 사람의 착오는 다른 사람이 더 잘할 것이라는 오해에 기인한다고 데이비드 더닝과 저스틴 크루거는 말했다. 능력이 없는 사람과 능력이 있는 사람 모두 자신들의 착오에 의해 자신의 예상순위에 대한 평가가 정확하지 않다는 것이다. 왜 이런 착오가 일어나는 걸까? 그런 착오를 내는 자신만의 여러 가지 이유가 있을 것이다.

말하는 것도 이와 마찬가지로 사람들은 자신의 말에 대해 평가가 다르다. 어떤 쪽이든 자신이 극단적인 평가를 하고 있는 경우에 다른 사람의 평가는 들리지 않을 것이다. 그리고 자신의 말에 대해 좋은 평가든 안 좋은 평가든 스스로 평가된 자기 확신으로 그 평가에 맞춰 생각하고 말하고 행동한다. 사람들은 말을 잘할 때도 있고 못할 때도 있기에 쉽고 단순하게 평가할 수 없는 일이다. 말에 대한 평가를 극단적으로 하고 있다면 이유가 무엇인지 알아보는 것이 필요하다. 그렇지 않으면 잘못된 평가로 인해 용기를 내서 말해야 할 때 주저하게 되기도 하고 말을 잘한다고 생각할 때는 사람들에게 가르치려고 한다거나 지나친 간섭으로 갈 수 있기 때문이다. 말에 대해 스스로 평가가 높을 경우, 자신을 돌아볼 생각을 안 할 수도 있다.

언젠가 말을 너무 예쁘게 하는 강사를 만난 적이 있다. 그분은 모든 사람에게 말 잘하기로 소문이 나 있었다. 그러나 말 속에 드러나는 판단이나 무시하는 태도 등의 부정적인 감정의 영향에 대해서는 모르는 것 같았다. 아마 알고 있다면 감정도 완벽히 숨겨졌다고 스스로 생각할 수 있다. 말은 마음에 가득한 것이 흘러나오는 것이기에 아무리 숨겨도 드러나게 되어 있다. 말로 인해 마음이 변하기도 하고 마음으로 인해 말이 나오기도 한다. 그래서 말의 평가는 마음의 평가로 이어진다. 자신을 알지 못하면 타인을 말로 돕거나 연결하는 데 한계가 있다. 자신을 정확하게 바라보기는 어렵다. 자신을 믿는 마음과 눈치를 보지 않으면서도 상대를 존중하는 조심스러운 태도를 적절하게 가지고 있어야 말에서도 겸손해질 수 있다. 왜냐하면 말을 잘한다고 확신하는 경우 자신이 한 말의 실수도 알지 못하고 남 탓을 하는 결과를 가지고 올 수 있다. 또 말을 못한다고 확신하는 경우 말이 통하지 않으면 자기 탓을 하며 말실수를 하지 않기 위해 지나치게 조심해서 주저하는 모습을 보일 수 있기 때문이다.

변화된 행동은 관계를 바꾼다

나에게 코칭을 받고 수업을 들은 후 말하기 기술을 시도해본 사람 중 자신감이 조금씩 상승해 행복해진 사람이 있다. 처음 만났을 때는 자신은 말을 못하고 어떤 것을 시도해도 안 되어 포기하려고 하다가 우연한 기회에 수업에 참석하게 된 것이다. 반신반의로 시작된 수업이었기에 처음부터 부정적인 태도를 보였던 그녀를 보면서 조금 더 관심을 가졌다. 그녀가 얼마나 간절히 변화를 원하는지를 알았기 때문이다. 나는 그녀를 격려하며 시도해도 잘 안되는 부분과 말의 실수를 좋은 경험으로 생각할 수 있도록 관점을 전환시켜주었고 실수에 대해 안심할 수 있도록 도와주었다. 이후 마음이 열리기 시작했고 신뢰를 바탕으로 시작된 수업은 자신이 스스로를 어떻게 생각하는지 자신을 알아가는 시간으로 이어졌고, 결과적으로 말은 자연스럽게 잘하게 되었다. 남편과의 관계도 향상되어 아이들까지 행복해한다고 종종 연락이 온다. 새로운 스킬을 적용하며 자신에 대한 이해를 통해 타인도 이해할 수 있게 된 것이다. 그녀는 그동안 배웠던 것들에 대해 스킬만 적용하려고 했을 때 실패했던 수많은 경험이 자신감을 급격히 추락시켰고 자신의 능력보다 더 과소평가하여 모든 시도를 망설이게 되었던 것이다. 그러나 이번에는 자신의 말과 생각이 부정적일 수밖에 없는 이유를 먼저 알아가는 과정이었기에 그런 말을 할 수밖에 없는 자신을 이해했고, 또 다른 변화를 위해 시도할 수 있었다. 변화된 마음으로 시작한 스킬은 행동의 변화를 가져오게 된다. 새로운 경험을 쌓으면서 자신감이 올라갔고 좋은 관계는 꾸준히 지속되는 것을 보여주었다.

사람들은 자신감을 중요하게 생각한다. 그러나 자신감이 필요한 이유는 더 성장하기 위해 필요하고 알 수 없는 길을 용기 있게 나가기 위해 필요한 것이지 현재에 머무르며 자랑하기 위한 것은 아니다. 상대의 좋은 반응과 평가에 자신은 그렇다고 믿게 되고, 상대의 좋지 않은 평가에는 자신을 합리화시키거나 탓하는 것이 일반적인 사람들의 모습이다. 사람들은 자신을 사랑하지만 한편으로는 사랑하는 법을 잘 모른다. 사람들은 칭찬을 듣기 좋아하지만 스스로를 인정하는 것은 어려워하는 경우가 많다. 그렇기에 더 타인에게 의존해서 원하는 것을 얻기를 원한다. 좋은 평가를 받기 위해 진짜 자신이 원하는 것은 하지 않고 자신이 싫어하는 것을 하며 살고 있기도 하다. 그리고 말도 엉뚱하게도 마음이 원하는 것과는 다른 말로 나오기도 한다. 말에 대해 평가하기보다 자신의 말이 어떻게 들리는지를 먼저 잘 관찰해보며 상대의 반응도 살펴보는 것이 필요하다. 그리고 남들의 평가에 의존하기보다 자신의 목소리로 자기답게 표현하며 자신감을 가지면 좋겠다.

인생을 여행에 비유하는 사람들이 있다. 새로운 경험의 연속인 인생도 보이기 위해 사는 것을 넘어서서 자기만의 색을 나타내는 인생여행이 되면 좋겠다는 생각을 해본다.

+ 상위 1%의 생각하기

① 좋지 않은 평가를 통해 변화를 위한 용기가 필요한가?
→ 좋지 않은 평가를 받았을 때 자신에게 필요한 내용은 취하고 감사의 인사를 한다.
→ 독단적이고 일방적인 평가일 경우 판단하지 않고 넘길 수 있어야 한다.
② 좋은 평가에 힘입어 남을 가르치려 하는가?
→ 좋은 평가와 함께 그 사람의 평가에 감사하는 마음을 가진다.
→ 그 평가가 모두의 평가는 아님을 기억한다.

7

누구나 말솜씨가
뛰어나지는 않다

마음이 드러나는 말

말은 마음의 향기이다. 말을 통해 그 사람의 마음이 느껴지기 때문이다. 그 사람의 마음의 소리는 말을 통해 나타난다. 마음에 무엇이 담겨 있는지에 따라 느낌과 말이 사람마다 다르고 우리는 그렇게 느끼며 만나게 된다. 말에는 간절히 원하는 것도 담고 있기 때문에 우리는 그 간절함과 관련된 말이 나올 수밖에 없다. 자신이 좋았던 경험을 다시 재경험하고 싶은 마음도 있지만, 경험하지 못했기에 부러워했던 것들을 사람들은 간절히 원하기도 한다. 그리고 그 원하는 것을 추구하고 얻기 위해 최선을 다하거나 어떤 식으로든 가지려고 한다. 그래서 마음이 편안한 상태였다가도 어떤 부분에서는 자기도 모르게 집착을 한다거나, 어떤 자극에 대해 절대 그 부분은 용서할 수 없다든가, 꼭 해야만 한다는 집요함을 보이기도 한다. 사람마다 다르기 때문에 그 부분은 자신만이 알 수 있다.

"사랑만큼은 내가 가장 많이 받아야 해!"라고 말하는 사람 중 사랑이라고 생각했던 행동이 만약 꽃을 받는 것이라면 특별한 날 사랑하는 사람이 꽃을 사다주지 않으면 사랑받지 못한다는 기분이 들어 분노를 나타내는 경우도 있다. 사랑을 원하더라도 사랑받아본 적이 없었다고 생각하는 사람은 자신이 상상했던 사랑을 만족할 때까지 타인에게 요구한다. 그러나 만족할 수 없는 것이기에 서로 부딪히게 된다. 그럴 때 어떤 말들을 하는지를 관찰해보면 구체적이지 않고 애매한 표현이어서 상대는 알아듣기 어렵다.

나는 아이가 어렸을 때 몸이 아파서 도우미를 하루 신청한 적이 있었는데, 그분은 약속한 시간도 맞추지 않고 일이 끝나고 변명하며 "내가 청소하면서 이 돈 받고 이 지랄을 해야 하나란 생각을 했어!"라는 말을 짜증스럽게 하였다. 쉬지도 못하고 일을 했다는 것이다. 순간적으로 나는 그 말에 충격을 받았던 기억이 있다. 보이는 표정은 온화하며 목소리도 부드러웠다. 그런데 말솜씨가 그 사람의 이미지와는 너무 달라서 놀랐던 것이다.

내가 힘들어서 부탁하는 입장이었기에 집이 깨끗하면 내가 왜 도움을 받겠는가 하는 반발심이 순간 들었지만, 한편으론 얼마나 깨끗하게 하시려고 했는지도 느껴졌다. 그래서 고마운 부분만 이야기했다. 나는 무엇이 마음을 불편하게 했는지 물어보았다. 일을 한다는 것 자체가 불만인 분이었다. 그리고 나를 붙들고 말을 하는 내용이 신세한탄과 이런 일을 할 사람이 아니었다는 이야기, 자신이 얼마나 힘든지였다. 하루 만나는 사람인데도 이런 하소연을 할 정도면 얼마나 자신의 모습에 지쳐 있고 그동안 마음이 많이 상해 있었을까 싶어 들어주었다. 만약 이런 상황에서 내가 마음이 지치고 힘들었다면 들어주지 못했을 것이다. 난 그런 말에 별 감정이 없었다. 왜냐하면 그분의 마음이 불쑥 나타난 것뿐이라고 생각했기 때문이다. 그분의 상처 속의 원래의 고운 마음이 회복되기만을 바랄 뿐이었다. 듣는 사람은 상대에 의해 마음이 흔들릴 필요가 없다.

부정적인 마음에 긍정 한 방울 떨어뜨린다고 물이 맑아지진 않을 테지만 그럼에도 자신의 몸과 마음, 시간은 자신이 매일 관리해야 하고, 자신이 하고 있는 일에서는 능력을 최대한 발휘하며 살아야 한다고 생각한다. 부정적인 마음을 계속 가지면서 긍정적인 말만 쏟아붓는다고 마음이 맑아지지 않는다. 오히려 맑은 마음이 부정적 감정에 물들 뿐이다. 마음을 맑아지게 하는 한 방울의 힘은 긍정적인 말과 함께 감사와 용서 그리고 사랑의 마음이다. 일시적인 긍정을 한다고 부정적인 태도를 바꾸는 것은 어렵지만 꾸준한 노력으로 변화될 수 있다. 우리의 말도 마음이 변화되어야 다른 사람의 부정적인 말에 영향을 덜 받게 된다. 마음 관리가 우선인 것은 많은 사람이 알지만 어떻게 해야 할지는 잘 모른다. 자신을 먼저 사랑해야 하는데 방법을 몰라서 괴로워한다.

내가 만든 프로그램 중 그룹으로 하는 감성코칭을 하다 보면 다양한 사람들의 사연을 듣게 된다. 과정을 통해 자기 자신을 알게 되고 자신을 수용하고 사랑하는 연습을 하게 된다. 사랑의 전제에는 존재감에 대한 확신과 여러 부분에서 생각의 전환이 있어야 한다고 생각한다. 어떤 사람에게 있어 존재에 대한 인식이 바뀌지 않으면 말과 행동의 변화를 기대하기 어렵다.

스스로를 사랑하며 아끼고 훈련시키려는 마음이 없으면 변화는 어려운 것이기 때문이다. 그렇기에 보이는 말솜씨가 그 사람의 전부는 아니다. 말솜씨가 좋아도 마음이 차가운 사람은 가까이하기 불편하지만 말솜씨가 별로여도 마음이 따뜻한 사람은 말에도 따뜻함이 묻어난다. 나도 말솜씨가 뛰어나지 않지만 나 자신을 알아가고 나의 마음을 변화시키는 노력을 하며 지금도 계속 성장을 위해 노력하고 있다. 말솜씨뿐 아니라 나는 글솜씨도 없는 사람이었다.

인생을 가꾸는 솜씨 키우기

몇 년 전 죽음을 준비하는 할머니들의 자서전을 써주는 봉사를 한 적이 있다. 봉사 기간에 죽음에 관한 강의도 듣고 죽음 체험도 경험하며 죽기 전에 남기는 유서와 죽은 후에 자신이 원하는 장례 절차들을 적기도 했다. 마지막으로 작은 책을 만들어 선물로 주는 것이었다. 게임과 질문으로 이야기를 풀어내어 글을 써서 자서전을 선물로 드린 적이 있는데 그때는 책의 수준은 별로였지만 감동하시고 기뻐하셨다. 그때 만나 알게 된 나의 파트너 할머니는 말을 참 곱게 하셨다. 아름다운 노래를 듣는 것처럼 고왔다. 오랜 세월을 남편 없이 혼자 사시면서 바느질 일로 아이들을 키웠고 많은 어려움을 극복하시면서 힘든 중에도 감사와 찬송이 끊이지 않는 삶을 사셨다. 그분의 행동과 말투는 절제된 듯하면서도 따뜻한 느낌이 들었다. 말솜씨는 평범했지만 표현이 아름답게 느껴졌던 이유는 바느질을 하면서 한 땀 한 땀 정성을 다해 인생을 살아왔기 때문이란 것을 이야기를 나누면서 느꼈었다. 그분이 책을 받고 나에게 직접 만드신 보자기를 선물로 주시며 꼭 저녁식사를 대접하고 싶다고 하셔서 맛있는 밥을 함께 먹은 적도 있는데, 그분은 사람이 어떤 일을 하든 어떤 환경에 있든 자신의 마음과 말은 선택이라는 것을 보여주는 할머니였다. 지금 생각해도 마음이 훈훈해지는 느낌이 든다. 배운 것은 없으셨지만 사람들에게 신세지지 않으면서도 나누고 누릴 줄 아는 분이었고, 감사하며 살아가는 것을 행동으로도 보여주시는 분이었다.

말솜씨는 기술 하나로 포장한다고 되는 것이 아니라 인생을 바라보는 솜씨에 따라 말솜씨도 나온다는 것을 느꼈다. 그 후 나는 책 쓰기에도 관심을 가졌다. 한 사람의 인생 중 일부 내용을 책으로 드릴 수 있다는 것은 어떤 선물보다 의미가 컸기 때문이다. 그런 선물을 나에게도 주고 싶었고, 내가 가진 작은 지식과 이야기지만 사람들에게 조금이라도 도움이 되고 싶은 마음에서 용기를 냈다. 그리고 책을 쓰는 또 다른 이유는 내가 가장 못할 것 같은 것에 도전을 하는 것이기 때문이다. 인생을 살면서 내가 나의 능력에 한계를 짓는다는 것은 나에게 미안한 일이고 내게 주어진 시간이 귀한 만큼 잘 사용해야겠다는 생각을 했기 때문이다.

이 세상을 살아가면서 되는 대로 사는 것이 아니라 내가 해도 안 될 것 같은 것을 되도록 해보고 싶었다. 나를 사랑한다면 내가 더 성장할 수 있도록 내가 나를 도와야 한다고 생각한다. 하루를 살아도 최고의 시간들로 채우고 싶었기 때문이다. 그래서 나는 스스로 나만의 동기 부여 방법을 찾아냈고 똑같은 하루지만 매일매일 행복한 하루를 보내고 있다.

살아가는 동안 문제만 바라보면 지금 현재에만 머물겠지만 꿈을 갖고 노력하는 사람은 어떤 시련도 넘어가는 것을 본다. 말솜씨든 글솜씨든 자신이 원하는 것이 무엇이든 간절함과 자신을 소중히 여기는 마음이 있다면 최고의 선택을 할 수 있는 기회가 계속 오게 된다는 것을 체험하게될 것이라고 생각한다. 말솜씨는 마음씨에서 나온다. 마음의 씨가 어떠한가에 따라 자신만의 꽃을 피우게 되고 자신만의 향기를 풍기는 사람이될 것이다.

나는 내 존재가 나다운 향기를 내기를 소망하며 살아가고 있다. 인생을 원하는 모습으로 그려나가는 사람은 원하는 그대로 되는 것을 주변에서 많이 본다. 인생을 어떻게 그려나가고 싶은지를 가끔 생각해본다.

+ 상위 1% 말하기

※ 나는 매일 마음에 어떤 씨앗을 뿌리고 있는가?

① 그곳에 없는 사람에 대한 비난이 끊이지 않는 말을 듣고 있을 때

→ "그 사람 내가 밥을 10번 사도 커피 한 번 안 샀어." 라는 말을 누군가 할 때, 화제를 맥락에 맞게 되도록 빨리 전환시킨다. "그 사람이랑 어디서 밥 먹어봤어? 괜찮은 식당 중 추천할 만한 곳 있어?" 자연스럽게 사람과 연결해서 장소로 이동하는 것 (같이 험담하고 싶은 욕구를 전환시킬 수 있다. 많은 연습이 필요)

② 남들과 비교하는가, 자신의 과거와 비교하는가?

→ '저 사람은 벌써 승진했잖아!'라고 상대와 비교하며 질투심이 올라올 때, 승진을 진심으로 축하하며 자신이 지금까지 변화된 것을 감사하기 (상대에게 줄 것과 내가 스스로에게 할 것을 구분하기도 함께 적용) 상대의 성공을 함께 기뻐할 수 있는 사람은 이미 행복한 사람이고 성공한 사람이다.

2 장

꽂히는
말에는
이유가
있다

사람들은
소통하기를 원한다

소통을 방해하는 것들

사람들이 말을 하는 이유가 뭘까? 누구나 통하고 싶은 욕구가 있기 때문일 것이다. 사람은 혼자서도 잘 지내야 하지만 혼자서 세상을 살 수 없기에 사람들과 통하고 연결되고 싶어 한다. 관계 속에서 성장도 이루어지기 때문에 관계를 맺는 것은 중요하다. 요즘은 뭐든 혼자 하는 것이 자연스러워졌지만, 계속 혼자 지내면서 행복해하는 사람은 별로 없다. 연결감이 있어야 살아 있는 느낌을 가질 수 있기 때문이기도 하다. 혼자 지내는 것이 뇌에 어떤 영향을 미치는지를 실험한 결과에서도 아무것도 할 수 없는 독방에서 지내는 기간이 길어질수록 뇌의 기능이 손상되는 것으로 나타났다. 또한 혼자 있는 것보다 차라리 고통스러운 자극을 사람들을 택한다는 것을 실험을 통해서도 확인되었다. 소통의 중요성을 알지만 쉽지 않기에 사람들은 힘들어한다. 사람들과 소리 없이 통하면 얼마나 좋을까?

어렸을 때 친구가 내 일기장을 훔쳐보고 나를 놀렸던 적이 있다. 내용은 특별한 것이 없었지만 그 영향으로 표현하는 것에 대한 수치심을 느끼게 됐다. 그 후 나의 말과 글을 솔직하게 표현하는 것이 어려웠다. 솔직한 표현을 좋아하는데 솔직할 수 없으니 쏟아놓을 곳이 필요해서 피아노에 모든 감정을 쏟아냈다. 그런데 그 피아노 치는 소리조차 누군가 들을까 봐 부끄러워했었다. 나는 모든 표현에 수치심을 느낀 것이다.

그 일은 지금 생각하면 별것 아닐 수 있지만 혼자 간직하고 싶은 마음이나 생각이 있을 때 그 영역이 침범당할 때는 분노나 수치심이 일어날 수도 있다. 부모들이 아이들의 마음을 알고 싶어서 몰래 일기장을 보다가 아이들이 알게 되는 경우 아이들은 화를 내고 더 불통이 되어버린다. 부모라 할지라도 소통이 안 된다고 경계를 침범하는 것은 예의가 아니다. 모든 관계는 예의가 필요하다. 예의를 가지고 존중하는 태도가 소통을 위해 필요한 것이다. 상대방을 무시하고 맘대로 하는 사람과는 소통이 안 되는 것은 누구나 알고 있다. 어떤 행동이나 말 한마디가 사람을 비참하게 만드는 것은 한순간이다.

자신의 좋은 면들이 잘못된 표현 하나로 인해 좋은 관계를 망치게 되는 것이다. 아무리 소리를 내도 통하기 어려운 관계들도 있다. 사람들이 말을 하는 이유는 다양한 사람만큼이나 다양한 이유가 있을 것이다. 만나서 이야기하고 싶은 사람이 있고 만남을 꺼리게 되는 사람도 있다. 어떤 사람은 불평이나 뒷담화 하고 싶을 때 생각나는 사람이 있고, 놀고 싶을 때 생각나는 사람이 있다. 난 주로 사람들이 힘들고 누군가에게 이야기를 하고 싶을 때 찾는 대상일 경우가 많다. 앞으로도 나는 사람들이 고민이 있을 때나 꿈과 미래에 대해 나누고 싶은 사람으로 계속 생각나면 좋겠다는 생각을 한다.

소통의 사전적 의미는 '막힘이 없이 잘 통한다' 혹은 '뜻이 서로 통하여 오해가 없다'이다. 말의 뜻이 서로 이해가 되어야 하고 전달이 잘되어야 통할 수 있다는 뜻이기도 하다. 뜻이 통하는 것이 중요한지 전달 방식이 중요한지를 생각해보면 둘 다 중요하다. 아무리 상대와 뜻이 같다고 하더라도 존중하며 전달하지 않게 되면 불쾌한 조언에 지나지 않는다. 생각은 같은데 계속 반복해서 이야기를 하는 경우처럼 듣기 싫은 잔소리가 되는 것이다. 소통이 안 된다는 것은 말이 전달될 때 무언가 막히기 때문에 통하지 않다는 것이다. 서로 뜻이 달라도 통할 수 있는 방법이 있는데, 막히는 원인을 찾고 해결한다면 의외로 간단해진다.

　신혼 때 남편과 말이 통하지 않았을 때가 있었다. 결혼하면 이야기를 잘 들어주고 언제나 내 편이 되어줄 것이라는 기대를 하며 결혼을 했었다. 그 기대에 맞지 않으면 불만이 생기는데도 원하는 것을 말로 하지 못했었던 것이다. 말로 표현하지 못 한 이유는 그 기대를 나도 몰랐기 때문이다. 이유 없이 서운한 감정이 들었기에 말은 괜찮다고 했지만 온몸으로 괜찮아 보이지 않았던 것이다. 그때 남편이 "보기에는 괜찮아 보이지 않으니 할 말 있으면 언제든 했으면 좋겠다."라고 해서 나는 내가 왜 서운함을 느끼는지에 대해 찾고 원하는 것이 무엇인지를 남편과 나눈 적이 있다. 그때 남편이 말을 하면 들어줄 것이라는 믿음을 주어서 감사했다. 말없이 기대하며 지내는 것은 자신과 타인을 힘들게 하는 것인데도 불구하고 말로 하지 않는 이유 중 하나는 말을 해도 잘 통하지 않을 것 같은 생각이 들기에 입을 닫게 된다. 관계에서 막힌 것이 무엇인지를 찾는 것이 생각보다 간단하지 않은 경우가 있다. 일을 하며 지내는 직장 내에서의 관계는 더 쉽지 않다. 생각이 같아도 계속 반복하거나 강조하며 말하게 되면 호응이나 반응을 해주기가 어렵고 통하지 않는 사람이라고 생각이 들며 피하고 싶어진다. 그럼에도 그런 사실을 알려주기가 어렵다는 것이다. 그럴 때는 자기 생각에서 빠져나오기가 힘들기 때문이다.

소통 방식의 주파수 맞추기

최근에 만난 분 중에 어떤 분은 직장 내에서 말이 안 통하는 사람이 있어서 너무 괴롭다고 하셨다. 힘든 상대는 직장 상사였는데 그 상사는 스트레스만 받으면 자신의 감정을 상대방에게 마구 쏟아내는 분이라고 하였다. 자신은 이성적으로 아무리 생각해봐도 이해가 되지 않는다고 하였다. 그 분은 상사라서 일하기도 편하지 않지만, 그렇다고 직장을 그만둘 수도 없다고 하였다. 상사는 이성적 대화가 필요한 상황에서 감정을 쏟아냈던 것이다. 이런 분들이 생각보다 많이 있다. 상대와 통하지 않는다고 생각하면 더 이상 노력하지 않는 경우도 생기며 말이 줄어든다.

반대로 감정의 대화를 해야 하는 순간에 이성적으로 받아 소통이 안 되는 경우도 있다. 이런 경우는 남녀관계에서 흔히 나타난다. 감정을 이야기할 때는 공감을 하거나 감정의 대화를 하는 것이 좋다. 감정을 이야기할 때 생각으로 받아치게 되면 마음이 상하게 된다. 마음을 이야기할 때 판단하는 것이 아니라 "너의 이야기를 들으니 내 마음이 아프네."라든지 감정이 연결되는 말을 해야 통한다고 느낀다. 하지만 이성이든 동성이든 머리의 대화는 서로 생각을 주고받을 수 있지만, 감정을 이야기하는데 생각으로 받으면 서로 소통이 안 된다.

그러나 모두가 원하는 것은 소통이다. 감정이 통하지 않는지 생각이 통하지 않는지에 따라 방법은 달라져야 한다. 그리고 소통을 할 때 일방소통을 하는 경우와 쌍방소통을 하는 경우를 보게 된다. 일방소통은 말을 하는 사람 본인의 생각과 감정만 이야기하기 때문에 말하는 사람입장에서는 말이 잘 통한다고 생각할 수 있다. 말을 하고 마음이 시원해지면 상대의 마음도 같을 것이라고 착각하기 때문이다. 그러나 상대방은 전혀 그렇지 않을 수 있다.

누구나 말을 하고 있을 때, 상대가 들어주기를 원한다. 소통을 위해서 가장 중요한 것은 듣기다. 들을 때 상대의 문제점에 집중해서 듣기보다 상대방의 말이나 행동에는 이유가 있을테니 무엇을 원하는지 관심을 기울여 들어야 내가 내 생각에 흔들림 없이 적절한 말을 할 수 있다. 우리 자신의 생각으로 미리 대답할 것을 결정해버리면 타인의 생각은 쉽게 무시되고 중요하지 않게 생각해 버릴 수 있다. 자신의 중요한 의견을 상대방이 무시한다면 어떤가? 그 사람의 이야기는 듣고 싶지 않게 된다. 그래서 잘 듣는 것이 우선이다. 오늘 경청이 잘되었다고 매일 잘된다는 보장은 없다. 매일 매 순간을 경청하기 위해 노력하는 것이다.

몇 년 전에 경청을 연습하기에 앞서 자연의 소리에 귀 기울이는 연습부터 해본 적이 있다. 자연은 가장 순수한 소리를 전해주기 때문이다. 타인과도 경청이 잘되기 위해 우선 내 마음의 소리에 경청하는 것부터 시작해서 자신과 먼저 소통이 되어야 한다. 머릿속의 생각과 마음의 느낌이 다르면 입에서는 어떤 말이 나올까? 표정은 어떨까? 너무 부자연스럽고 일치되지 않은 것을 상대는 보고 듣게 된다.

"인간에게 가장 중요한 능력은 자기 표현력이며, 현대의 경영이나 관리는 커뮤니케이션에 의해 좌우된다."라고 피터 드러커는 이야기했다. 자신을 관리하고 경영하기 위해 말이 달라져야 한다. 우리 내면의 아름다움이 제대로 드러나고 빛날 수 있도록 해주는 것이 말이며 소통 능력이다.

우리는 수많은 매체와 수다에 우리의 신경이 지치고 마비되어 간다. 소통은 갈수록 다양해지고 있다. 문자, 인터넷, SNS 등 다양한 보이지 않는 소통에 더욱 서로를 배려하며 존중하는 태도가 필요하다. 자신을 밝히지 않아도 되는 사이버에서 폭력적인 언어로 자신의 분노를 해결하려고 하는 사람도 있다. 우리는 더 나은 삶을 위해 더 나은 소통을 위한 노력을 해야 한다. 서로 통하는 관계가 되고 서로를 위하는 세상이 되면 좋겠다.

① 행동의 언어로 이야기하는 사람

→ 실천하는 것을 보여주고 실천하는 것 알아주기

"말보다 행동이 그 사람을 나타내는 거야." 사람에게는 꼭 할 수 있는 것만 약속하고 실천하는 모습을 보여준다. 행동이 중요한 사람에게 실수한 행동에 대해 비난하지 않는다.

② 감정의 언어로 이야기하는 사람

→ 감정을 알아주기

"내 마음이 힘들었어… 짜증나!", "짜증났구나! 얼마나 짜증났어? 많이 힘들었겠네."라고 한 후 "무슨 일이 있었어?" 물어볼 수 있다. 감정이 상한 상태에서는 이성적으로 생각하도록 유도하지 말고 감정을 느끼도록 해준다.

③ 생각의 언어로 이야기하는 사람

→ 의견을 받아주고 의견을 제시하기

"내 마음에 안 들어! 내 생각엔 이렇게 하는 게 좋겠어~", "그렇게 생각하는구나. 내가 생각하지 못한 것인데 새롭네! 멋진 생각이야! 내가 생각한 것도 이야기해볼까?" 생각을 이야기할 때 긍정적 감정도 함께 표현할 수 있다. 그 후에 자신의 생각을 추가적으로 표현하고 서로의 생각을 종합해서 다른 생각도 해볼 수 있다.

꽂히는 말에는
이유가 있다

자신에게 꽂히는 말의 의미

사람들에게 꽂히는 말이나 단어가 혹시 있는지를 물어본 적이 있다. 어떤 분은 평화라는 단어가 생각나고 그 말을 들으면 눈물이 난다고 하였다. 그분 외에도 평화나 평안이라는 단어를 좋아하고 그 말이 들어가면 와 닿는 분들을 많이 본다. 그 외에 즐거움, 자유 등을 이야기한다. 그분은 평화라는 단어와 관련된 말에 영향을 받는 이유가 있었다. 그 이유는 동네 사람들이 싸우는 것을 보면서 긴장을 하고 어찌할 바를 몰라 두려워했던 경험들이 많이 있었기 때문이다. 그리고 부모가 싸우는 것을 직접 많이 보면서 불안한 감정을 가지며 자랐다. 그래서 지금도 평화를 추구하고 그 말만 들으면 눈물이 난다고 한다. 또 어떤 말은 듣기만 해도 화가 불쑥 올라오기도 한다. 자신이 꽂히는 말에는 자신만의 이유가 있다. 좋은 이유든 좋지 않은 이유든 자신이 원하는 것이기도 하고, 자신이 힘들어하는 것이기도 하기 때문이다.

어떤 분은 꽂히는 말이 든든함이었다. 그분은 결혼생활을 하면서 아이도 훌륭하게 키워냈고 행복하게 잘 살아가고 있다가도 친정에만 가면 과거에 부모 형제로부터 받은 상처로 인한 부정적 존재감이 다시 살아나는 것이었다. 이분은 '쓸모없고 없어졌으면 하는 아이'라는 존재 인식에서 벗어나는 것이 필요했다. 어릴 때의 존재감이 현재의 존재감과 부딪히면서 혼란을 가져오고 지금까지 잘 살아온 모든 것이 무너지는 느낌을 받는다는 것이었다. 현재 나름 자신감 있게 살아가고 있는데 친정에만 가면 주눅들면서 화가 나고 벗어나고 싶다는 생각이 든다고 했다. 그리고 분노와 함께 복수심이 올라와서 자신의 죽음으로 복수하고 싶을 정도라고 하였다. 이분은 어릴 때의 주눅 든 감정이 해결이 되지 않은 채 현재만 잘 살려고 애썼다. 과거는 묻어두고 괜찮다고 생각하고 있었지만 몸과 마음은 괜찮지 않았다. 몸은 점점 아파왔고, 부모에게는 그것도 자신이 열심히 살아서 아픈 것이라고 표현했다. 그러나 마음은 여전히 부모의 수용을 바라고 있었다. 하지만 부모가 자신의 뜻대로 되지 않았기에 부모와 비슷한 사람을 대할 때마다 그 사람들이 미워지는 자신이 괴롭다고 하였다. 그리고 모든 관계를 포기하려고 했고 자신은 뭘 해도 안 된다며 스스로를 괴롭히며 예전처럼 돌아가려는 모습을 보이게 되었다. 그리고 어릴 때 피하던 방식으로 공부방으로 피했고, 좀 자랐을 때는 무작정 여행을 다녔는데 지금도 화가 나면 집을 나가는 행동을 하였다. 자신도 모르게 혼자 지내는 것이 그나마 좋았던 어릴 적 경험을 다시 찾아가고 있었던 것이다. 그리고 어릴 때처럼 자신을 부정하고 상대를 탓하며 자신의 신세한탄을 하였다. 그래서 스스로 든든하게 흔들리지 않는 사람이 되고 싶었고, 든든함이라는 단어를 들으면 자신의 마음에 움찔하고 무언가 힘이 생긴다고 하였다.

똑같은 단어나 말이 꽂힌다 하더라도 의미는 사람들마다 다르겠지만 어떤 생각에 힘을 실어줄 것인가를 결정하면서 자신의 말과 행동이 결정된다. 스스로 노력해서 잘 살면 잊어버렸다가 자극이 오면 또 무너지는 느낌을 받게 될 때 자신이 꽂히는 말을 듣고 싶어 한다. 또 한 분은 늘 남편의 눈치를 보며 화를 낼까 봐 두려워하면서도 마음속에는 화가 가득했다. 그러나 남편의 화를 자극하면 안 된다는 생각에 자주 주눅이 들어 있었고, 남편이 자신을 죽일 수도 있다는 근거 없는 두려움이 생기기 시작했다. 그런데 두려움으로 인해 오히려 남편이 화가 나도록 하는 자극을 자신도 모르게 남편에게 계속하고 있었다. 두려움 때문에 주저하는 행동이 바로 남편이 제일 싫어하는 것이었다. 두려움에 빠지게 되면 주눅 든 사람이 되어 상대는 만만한 사람으로 대하게 된다. 그렇게 되면 자신은 상대로부터 가장 원치 않았던 것을 얻게 된다. 그렇게 되면 서로의 입장은 다르게 해석이 되는데, 아내는 두려워서 주저했을 뿐이고 남편은 아내가 자신이 가장 싫어하는 것을 하니 화가 나지만 참다가 감정적으로 터지게 되는 것이다. 두 사람 모두 가장 싫은 자극에 부딪히게 되어 자신도 모르게 나오는 행동들이다. 그분의 생각에 '나는 필요한 사람이 맞나?'라는 자기 불신이 있었기에 상대의 반응에 따라 흔들리게 된 것이다. 이런 자극에 쉽게 흔들리고 자신의 부모도 아닌 배우자에게 공포의 느낌이 드는 데는 이유가 있었다. 어릴 때 부모가 싸우게 되면 누구 하나는 죽을 수도 있겠다는 생각을 하였던 것이다. 그런 상황에서 도움을 줄 수 없었던 경험이 공포스러웠고 죄책감이 들었기에 어릴 때 받은 비슷한 분위기나 자극이 오면 죽음의 공포를 다시 느끼게 되는 것이었다.

좋은 의미로 꽂히는 경우도 있다. 어떤 좋은 추억들을 생각나게 하는 단어나 문장들, 칭찬 들었을 때의 말들 그리고 자신이 추구하는 것을 들었을 때는 꽂히게 된다. 나는 정직하고 솔직한 것에 늘 꽂혀 있었다.

정직성과 관련된 동영상을 본 것이 생각난다. 그 내용은 얼핏 기억하기로는 이렇다. 노숙자 생활을 하는 어떤 분이 며칠을 굶다가 어느 노인정의 문이 열려 있어서 들어가 보니 라면이 있어서 너무 배가 고파 다음에 갚을 생각으로 라면을 하나 끓여 먹고 설거지까지 하고 갔다. 그런데 노인정 관계자가 설거지가 된 그릇을 보고 CCTV를 확인해서 그 노숙자를 경찰서에 신고했다. 노숙자는 자신이 너무 배가 고파서 잘못을 저질렀고, 나중에 갚을 생각이었다고 하며 선처를 구했다. 그 모습을 본 경찰 한 분이 음식을 사 먹으라고 돈 얼마를 손에 꼭 쥐어 주었는데, 노숙자는 꼭 갚겠다며 인사를 몇 번이고 하며 감사를 전했다. 그리고 막노동을 해서 그 돈을 갚으러 다시 경찰서로 온 것이다. 그의 성실하고 정직한 모습에 나는 감동을 받았다.

자신의 가치는 자신이 지켜가는 것

상황이 어떠하든지 자신의 가치를 지키며 산다는 것은 멋진 인생이라는 생각이 든다. 작은 일에 성의를 다해 하는 사람은 어떤 일도 잘 해낼 수 있다는 생각이 들며, 내게 주어진 하루하루를 정성껏 보내야겠다는 생각도 하게 되었다. 꽂히는 말은 그렇게 살고 싶은 것이기도 하기에 매일 그렇게 살고 있는지를 돌아볼 수 있는 계기가 되기도 한다.

또 어떤 말에 꽂혀서 이유 없이 화가 난 분은 시어머니의 잔소리 중에 "넌 왜 그 모양이야?"라고 늘 부족하게 여기는 말에 진절머리가 난다고 하였다. 시어머니의 감정에 영향을 받아서 도저히 제정신으로 살 수가 없다고 하였다. 잘 살다가도 시댁에 한 번씩 가면 주체할 수 없는 시어머니의 분노 때문에 한 번 다녀오면 녹초가 되어버린다는 것이다. 그렇게 녹초가 된 자신이 걱정스럽고 두려워했던 분이었는데, 존재에 대한 확신을 가지기 시작하고 자신을 지키기 위해 매일 노력하면서 시어머니로부터 자유로운 상태가 되었고 시어머니를 한 여성으로 볼 수 있게 되었다.

지금까지 꽂히는 종류 3가지를 보았다. 먼저 자신이 좋아하는 말에 꽂히는 경우와 자신의 가치와 연결되었을 때 꽂히는 경우, 그리고 자신이 싫어하는 것이 건드려졌을 때 꽂히는 경우 중 일부를 나누었다. 우리는 꽂힐 때 다시 한 번 생각한 후 말하는 능력이 필요하다.

스티브 잡스는 6살 때 아버지와 뒷마당을 둘러싼 울타리를 아름답게 만들었다. 만들고 난 후 아버지가 뒷면도 아름답게 칠하자고 하자 잡스는 보이지도 않는 뒷마당의 울타리를 왜 아름답게 칠해야 하는지를 물었다. 그때 아버지는 "진심으로 뭔가를 잘 하려는 사람은 보이지 않는 부분까지도 신경 쓴다."라고 했다. 그 말이 그에게 꽂혔고, 후에 사업을 하는데도 크게 영향을 미쳤다.

스티브 잡스의 아버지의 말을 소통에 대입시켜 본다면 "진심으로 소통을 잘하려는 사람은 말로 표현하지 않는 부분까지도 신경을 쓴다."일 것이다.

강의나 그룹 코칭, 개인 코칭을 하다 보면 일정을 취소하는 일들이 종종 생긴다. 한 번은 패밀리 코칭을 신청했다가 남편과 관계가 어려워졌다고 취소하려고 하는 경우가 있었다. 나는 부담을 주기 싫고 고객의 선택을 받아들이는 편이지만 그분의 스토리를 조금 알고 있었기에 지금이 가장 필요할 때인데 혹시 피하는 것은 아닌지 확인을 위해 통화를 하게 되었다. 통화하는 중에 그분은 문제를 직면하는 것이 두려워서 피하는 자신을 알게 되었고 자신에게 용기가 필요하다는 것을 알고 다시 마음을 잡고 코칭을 받기로 결정했다. 선택은 본인이 하더라도 상대에게 필요한 것이 무엇인지 알기 위해 놓아주어야 할 때인지 잡아주어야 할 때인지 관심을 가지고 확인하는 것이 필요할 때가 있다. 우리는 보이는 부분에만 신경을 쓰는 경우가 있는데, 보이지 않는 부분 중 하나인 꽂히는 말에 대해 그냥 넘어가는 것이 아니라 내면을 아름답게 가꾸기 위해 이유를 알아보면 어떨까?

우리가 진심으로 자신을 위한다면 자신이 추구하는 것이 무엇인지를 알아야 하고, 원치 않는 것들이 우리를 훼방하지 못하도록 건강한 방법으로 보호하기 위해 자신이 무엇에 꽂히는지도 알아야 해결할 수 있다. '대충 살면 되지.' 하고 생각하고 넘어가게 되면 해결될 때까지 우리 앞에 그 문제는 계속 나타나게 된다. 피하면 피할수록 피곤해지고 결국은 해결해야 할 시간이 꼭 오게 된다.

※ 꽂히는 말 3가지

① 상대가 좋아하는 말 먼저 이야기하기

→ 상대가 무엇을 좋아하는지 알기 위해 요즘 어떤 것에 관심이 있는지를 물어볼 수 있다.

② 자신이 중요하다고 생각하는 것 먼저 이야기하기

→ 자신의 말을 주장하기보다 상대의 말도 인정하며 자신이 왜 이 부분을 중요하게 생각하게 되었는지 (시간이 된다면) 알려준다.

③ 감정적으로 주눅들지 않고 이야기하기

→ 자신이 어떤 사람이고 싶은지를 알아야 한다. 그리고 그런 사람인 것처럼 말하고 행동한다. 상대가 "넌 왜 그리 찌질하게 다니니?"라고 해도 자신이 소중한 사람이라고 생각한다면 소중하게 자신에게 대하고 상대의 "찌질하게 다니니?"라는 말을 그대로 흡수하는 것이 아니라 받아들이지 않거나 가까운 사이라면 어떻게 하길 바라는지를 물어볼 수 있다.

사람마다
듣는 방식이 다르다

관심에 따라 다른 듣기 방식

사람들과 이야기를 하다 보면 말하는 방식이 다 다르다. 그리고 다양한 말만큼 다양한 해석을 하며 듣는다. 어떤 분은 사람을 대하는 태도도 좋고 말도 잘하는 편이었다. 그분이 말을 할 때 자기 생각을 말하기보다 상대에게 맞추며 말을 해서 사람들의 첫 평가는 좋은 사람으로 평이 나 있었다. 그런데 시간이 지남에 따라 사람들이 불편해하는 것을 보았다. 그분은 상대에게 맞춰주는 말은 잘하는데 듣고 해석하고 전달할 때 전혀 다른 해석을 하고 있었던 것이다. 그래서 오해가 생기기도 하고 복잡한 일이 생기기도 했다. 왜 해석에 문제가 있었던 것일까를 확인해보니 자신의 경험에 의해 달리 해석을 하며 들었던 것이다. 우리는 아주 작은 일에서도 이런 실수를 할 수 있다. 말을 전달하는 게임을 하다 보면 끝에 가서는 첫 단어와 다른 엉뚱한 단어가 나오기도 하고, 눈을 감고 말하는 대로 그림을 그리는 게임을 할 때 말하는 것과는 다른 모양으로 나온다. 이러한 게임들에서처럼 우리는 듣는 방식에서 자신만의 길을 만드는 것에 익숙해져 있다. 듣는 방식으로 인해 같은 일에도 상처는 다르다. 같은 부모, 같은 환경에서 자란 형제들도 상처가 다르고 생각하는 방식도 다르다. 듣는 방식이 다른 것처럼 보는 방식도 다르고 말하는 방식도 다르다. 그렇다면 어떻게 말을 해야 들릴까?

말하는 방식을 바꾸기에 앞서 듣는 사람이 어떻게 듣는지를 확인하는 것이 필요하다. 어떤 방식으로 이해를 했는지, 사람에 따라 단어 하나도 해석이 달라지기 때문이다. 일일이 모든 것을 확인할 수는 없겠지만 제대로 이해하고 싶은 부분은 확인을 하는 것이 필요하다. 단어 하나도 자신의 경험으로 부정적으로 해석될 수 있고 긍정적으로 해석될 수 있다. 또 자신과 관련된 것만 관심을 가지며 듣는 사람이 있고 그렇지 않으면 아예 듣지 않는 사람도 있다. 임신을 했을 때는 아이와 관련된 것만 보고 듣고 관심 갖다가, 아이가 다 자라 군대에 갈 때가 되면 그렇게 듣기 지겹다는 군대 이야기가 너무 궁금해지고 재미있는 것이다. 관심이 가는 곳에 더 귀를 기울이게 되는 것이다. 가족 내의 사건도 받아들이는 것이 다르기에 사람은 함부로 상처의 정도를 판단해서는 안 된다. 자신의 경험이 모두에게 도움이 되는 것은 아님에도 자신들이 극복한 방법들을 애써 가르쳐주려고 한다. 자신과 맞지 않으면 효과가 있다 하더라도 실천하지 않는다. 어떤 문제에 대해 해석을 잘해주더라도 이미 머릿속은 다르게 해석하고 있기 때문이다.

어떤 분은 자신의 가정환경은 최악이었다고 하지만 자신은 잘 살아가고 있다는 것을 보여주기 위해 의도적으로 사람들에게 가족이야기를 하는 분이 있었다. 그분은 가족들과 좋은 추억이 단 한 번도 없었다고 하였다. 자신은 노력했기에 잘 살고 있지만 부모와 형제들은 쓰레기라는 표현을 하는 것을 들으며 안타까웠던 적이 있다. 부모들도 표현방식이 서툴렀을 뿐일 텐데 너무 극단적으로 가족은 쓰레기! 자신은 영웅으로 과하게 포장을 하는 분이었다. 여러 상황에서 그분의 미성숙한 말과 태도를 보면서 안타까웠다. 그냥 말하는 그대로를 이해하며 들어줄 수밖에 없었지만, 자신에게 좀 더 솔직해지길 바라는 마음이 들었다. 해석을 조금만 다르게 할 수도 없을 만큼 힘든 걸까? 더 힘든 상황에 있는 사람도 더 성숙하며 잘 살아가는 사람이 많은데 무슨 차이일까?

자신에 대한 생각이 과거에 매인 경우 보상받기 위해 부족하다는 생각을 하기도 한다. 자신의 힘든 원인이 모두 부모 때문이라고 생각하며 힘들게 사는 사람도 있다. 그분은 부모의 모습을 부정적으로 해석해야 마음이 편하다고 하였다. 그래야 죄책감으로부터 벗어나고 자신을 합리화할 수 있다는 것이었다. 나는 누구나 모든 행동에는 그만한 이유가 있다고 생각하는 사람이다. 하지만 거기에 머물러 있으면서 자신과 타인을 조정하는 것은 동의하지 않는다. 그것은 누구에게도 도움이 되지 않는다고 생각한다.

자신의 소리와 타인의 소리 듣기

한 번은 드라마 치료 특강에 참여한 적이 있었는데 시연을 하려고 원하는 분을 찾는 중 어떤 분이 손을 들었다. 자신을 대상으로 시연을 하라며 자신이 얼마나 힘들고 불쌍한지를 이야기하기 시작했다. 그 이야기를 듣자마자, 강사는 바로 이야기를 멈추게 했다. 그리고 그런 이야기할 거면 시연 못 한다고 했다. 나는 상황이 어떻게 흘러갈지 호기심 가득 지켜보았다. 그런데 시연을 신청하신 분이 바로 자신을 인정했다. 자신은 습관처럼 그렇게 말을 하고 다닌다고 하였다. 사람들이 불쌍하게 생각해서 잘 듣게 하기 위해서라고 했다.

나는 그 강사분이 말의 이면에 있는 것을 파악하며 듣는 것을 보면서 마음이 시원해짐을 느꼈다. 이분은 과거의 패턴을 단번에 끊어주는 누군가가 필요했다. 그래야 긍정적인 미래를 향해 갈 수 있기 때문이다. 말을 들을 때 긍정적으로 들어야 할지 말을 멈추게 해야 할지 판단하는 것이 쉽지는 않겠지만 되도록 긍정적으로 상대의 말을 들으면 상대의 빛나는 내면을 볼 수 있게 된다. 그렇게 되면 문제 중심의 말이 해결 중심으로 바뀌게 된다. 부정적으로 보지 않고 있는 모습 그대로를 봄으로써, 부정적인 부분 이면의 강점을 볼 수 있다면 어떨까?

한 번은 자기 연민에 빠진 사람을 만난 적이 있는데 그분의 말에서 과거에 대한 미련과 아쉬움을 놓지 못하고 은근히 즐기고 있는 것을 확인했다. 나는 그분의 원하는 소망이 무엇인지를 알고 싶었지만 소망이 없었기에 과거를 잡고 있었던 분이었다. 한번은 어떤 말도 듣지를 못하는 분이 있었는데 알 수 없는 막연한 걱정에만 귀를 기울였다. 소망의 불씨는 거의 꺼져가는 사람이었다. 그분은 걱정이라도 잡아야만 마음이 편한 사람이었다. 그분의 살아온 패턴이 안타까웠다. 걱정거리만 생각하고 걱정이 없으면 걱정을 만들어야 평안함을 누렸다. 그리고 걱정으로 관계를 맺는 분이었다. 이분의 경우는 평안함을 누려서는 안 되는 슬픈 이유가 있었다. 그래서 평안함에 깊은 죄책감을 느꼈던 분이기에 걱정이 평안을 위한 끈이기도 했던 것이다. 그렇게 살아왔기에 그 끈을 놓기는 쉽지 않았다. 비유를 하자면 창문 밖으로 뛰어내려야 더 평안히 살 수 있지만 스스로는 고층 건물이라고 생각하고 뛰어내리면 죽는다는 생각에 1층짜리 건물인데도 두려워서 창문을 열고 밖을 볼 수조차 없는 상태로 살아가는 사람인 것이다.

어느 모임 중에 같은 말에 대하여 두 사람이 다른 방식으로 듣고 반응하는 일이 있었다. 서로 안부를 물으며 이야기하는 중에 어떤 분이 몸에 어떤 이상이 발견되었다고 하자 당연한 것처럼 "누구나 그래."라고 반응하는 사람과 걱정하며 "어떻게 해?"라며 반응하는 두 사람을 보았다. 그분의 대답은 "운동을 좀 더 열심히 하면 될 거예요."라고 두 사람에게 똑같이 반응했다. 그분은 어떻게 할 것이라는 것이 분명했고, 듣는 사람이 자신의 해석에 따라 듣기 때문에 마음 상하는 일은 없었다. 두 사람 모두 그분의 사정을 알지 못했고 자신의 삶의 역사에서 듣게 된다. 이런 상황을 보면서 듣고 말하는 것과 반응을 생각해보았다. 먼저 말하는 두 사람 모두 자기 입장에서 듣는 것이다. "다 그래!"라고 말한 사람은 자신이 최근에 많이 아팠는데 너무나 고생했던 자신의 고통에 비교한 것이다. 그리고 걱정하는 사람은 습관적으로 공감하느라 그럴 수도 있고, 이런 병을 잘 모르기 때문에 걱정을 하는 것일 수도 있다. 또는 아픈 사람에 대해 민감한 사람일 수 있다. 우리는 우리의 역사도 모르듯이 다른 사람의 살아온 역사도 모르기에 듣고 반응하는 것에 상처받을 이유가 없다. 그렇게 말을 하는 이유는 듣는 방식이 다르기 때문이다. 의도적으로 기분 나쁘게 하려고 말을 하는 사람은 없다는 생각으로 듣는 것은 어떨까?

※ 사람들의 듣는 방식

① 자신이 관심 있는 것을 듣게 된다

→ 상대가 관심 있는 것은 무엇인가를 먼저 생각하며 들은 후에 상대의 관심과 연결하여 자신의 말을 한다.

② 현재 관련이 있는 것을 듣게 된다

→ 현재 상대가 이야기하는 것과 지금 상황의 연관성이 없다면 지금 상황을 확인하며 말을 연결시킨다.

말을 많이 한다고
잘하는 것은 아니다

말을 많이 하는 이유

나는 처음 강의할 때 사람들이 쳐다만 봐도 떨렸다. 차라리 사람들이 나를 보지 말고 핸드폰을 보는 것이 낫겠다고 생각할 정도로 긴장했었다. 첫 경험은 무엇을 하든 떨린다. 긴장하는 만큼 강의 내용을 거의 외우다시피 했던 기억이 난다. 긴장하면서도 정리를 잘해서 전달하게 되면 말을 잘하는 것으로 보인다. 어떤 강의는 듣다 보면 강의 시간을 초과하면서도 무슨 말인지 제대로 전달이 되지 않는 경우가 있다. 그럴 때는 말의 길이보다 내용의 질이 더 중요하다는 생각을 하게 된다. 한 번은 강의를 수강해서 들은 적이 있는데 무슨 이야기를 하는지 이해할 수 없는 말만 하고 있었다. 사람들을 만나서 이야기할 때 결론부터 이야기하는 사람이 있고 설명만 나열하는 사람이 있다. 말을 길게 하는 경우 대부분 쉼표가 없는 것을 경험하게 되는데 듣고 있는 내내 숨이 찬다. 말하는 사람은 즐겁게 이야기하지만 듣는 사람이 숨이 찬 경우에는 경청이 어렵다.

말이 많아도 잘하는 사람 중 생각나는 사람은 중학교 때 역사 선생님이다. 그 선생님은 역사를 알기 쉽게 이야기를 해주었기 때문에 수업이 끝날 때까지 다들 초롱초롱한 눈빛으로 잘 듣게 되었다. 이 선생님은 어떤 이야기를 하더라도 자신이 내용을 소화해서 자신만의 언어로 쉽게 풀어냈기 때문에 쏙쏙 들어왔다. 그렇지 않고 말을 많이 하는 사람 중에는 자신이 무슨 말을 하는지조차 모르며 어려운 말을 쓰는 사람들이 있다. 전문적인 용어를 쓰더라도 말이 많으면 신뢰가 가지 않을 수 있다. 말을 많이 하는 사람 중 조용히 있는 자체를 견딜 수 없어 하거나 중간에 말이 끊어질까 봐 자신과 듣는 사람에게 쉼표를 주지 않고 하는 분들도 있다. 하지만 일반적으로 말이 많으면 실수를 하게 된다. 그리고 자신이 한 말이 무엇인지 모른 체할 때도 있다.

내가 만난 사람 중에 어떤 분은 인상도 좋고 낯선 사람들과의 관계를 잘 맺는 분이었는데, 사람들은 그분의 관계에 진실성이 없다고 평가를 하는 것이었다. 왜 그런지 자세히 관찰해보니 자신의 스토리만 이야기하는데 얼마나 자신이 잘 살아왔는지를 끊임없이 이야기했다. 인생 스토리가 훌륭했다. 그러나 사람들이 그를 멀리하게 되는 이유는 따로 있었다. 스토리가 늘 똑같고 자신은 훌륭한데 대접받지 못하는 현실이 괴롭다고 말한다는 것이다. 말이 많게 되니 욕심과 타인에 대한 불신, 타인을 무시하는 모습이 말에 그대로 드러나게 되었다. 이분은 말을 줄이는 것이 자신을 위한 것이란 것을 모르는 듯 했다. 그런데도 주변에서 그런 것을 알려주는 이야기를 못하는 이유는 그분이 상처를 잘 받을 뿐 아니라 그런 것을 말해준 사람에 대해 다른 사람에게 엉뚱한 소리를 한다는 것이다. 그러니 다들 피하게 되고 관계가 힘들어진다는 것이다.

과거의 자랑에 집착하는 사람들은 현재의 이야기를 하기보다 과거의 좋았던 자신의 모습으로 현재를 포장하려 한다. 그리고 본인은 계속 그 방식으로 관계를 맺게 되어 외로운 상태에 머물 수밖에 없다. 말이 많은 사람들 대부분 잘 듣지 못 하고 실수를 많이 하는 경우를 보았다. 말을 많이 하지 않고도 말을 잘하는 사람이 있다. 내가 아는 어떤 분은 개인적으로 말을 친밀감 있게 한다. 그리고 대중 앞에서도 센스 있는 말로 분위기를 잘 만든다. 상대가 말을 길게 하더라도 잘 듣는 편이고 잘 맞춰주며 필요한 반응들을 하는 것을 보았다.

말을 많이 한 것 같은데도 상대는 아니라고 느낄 때는 많이 하지 않은 것이고, 말을 조금 한 것 같은데 상대는 하품을 하고 있는 경우는 말을 많이 한 것이다. 말이 많은지 적은지는 상대가 평가하는 대로 이해하면 된다. 그것은 상대의 상태나 입장을 고려했는지 못 했는지를 말하는 것이기 때문이다.

말에 대해 생각해봐야할 것은 자신이 왜 말을 하는지를 알아야 한다. 상대를 설득해서 자신을 이해해주기를 바라는 것인지, 자신이 얼마나 좋은 사람인지 설명하느라 길어지는지 스스로 알아야 한다. 말이 적은 것이 상대의 입장에서는 가장 말을 잘하는 것으로 느낀다는 것을 안다면 말이 길어지지 않겠지만 그렇다고 믿는 것이 어렵다. 말을 많이 해야 잘하는 것처럼 느끼기 때문이다. 왜냐하면 머릿속의 생각을 담아두기만 하고 표현하지 못하면 자기주장이 없는 것 같기도 하고 머릿속에 아직 말이 남아 있는 듯해서 시원하지 않을 수 있다. 또 상대에게 끌려가는 느낌을 받기 때문이기도 하다.

과거에 매이면 핵심에서 벗어난다

내가 청중의 입장에서 말을 많이 하는 사람과 말을 듣기만 하는 사람을 봤을 때 말을 많이 하는 사람이 잘하는 것처럼 보인다. 실제 당사자로서 대화를 하게 되면 말을 하기보다 듣고 질문하는 것이 상대로 하여금 말을 잘하는 사람이라고 느끼게 한다. 보이는 것과 실제로 상대하고 있는 사람이 느끼는 것은 다르다. 자신의 말을 컨트롤하지 못 하는 사람은 자신의 마음도 컨트롤하지 못하고 오히려 상대를 지배하려고 할 수 있다. 어떤 여성분의 경우 부부끼리 어떤 문제가 발생하면 자신이 그럴 수밖에 없었던 자초지종을 설명하려고 한다. 그럴 때마다 남편은 부인이 핑계를 댄다고 하고, 그러면 이 부인은 답답해하고 억울해한다는 것이다. 이럴 경우 남편 입장에서는 그 문제에 대해 간단히 대답만 바라는데, 설명이 길어지거나 자신의 입장을 길게 이야기하는 경우 핑계를 댄다고 생각할 수 있다. 만약 잘못한 것에 대해 설명이 길어지면서 사과를 하게 되면 핑계로 여겨질 수 있다. 간단히 인정하면 좋을 텐데 이해받기 위해 길어지는 경우도 있기 때문이다. 자신이 왜 그렇게 길게 이야기하는지 모르면 남편에 대한 억울함이 커진다. 하지만 이유를 알게 된다면 좀 더 간단히 결론을 이야기할 수 있다.

그 여성분의 경우 어릴 때부터 맏이로서 무거운 책임감을 가지고 자라왔다. 동생들의 실수도 자신의 책임으로 돌아왔고 핑계를 대지 못하고 야단을 맞는 경우가 생기다 보니, 동생들을 힘으로 누르며 자신이 어릴 때부터 부모의 자리에 서게 되었다. 그런 환경에서 자라다 보니, 남편에 대해서만큼은 의존하고 싶어졌고 자신이 잘못했다는 느낌을 받지 않기 위해 눈치를 보면서 자신의 실수에 대해서는 인정보다는 무조건적 수용을 바라는 모습을 가지고 있었다. 자신도 모르게 남편과 갈등 상황이 생기면 말이 길어지게 되고 남편은 자신감 없이 늘어지는 말들에 대해 답답함을 견디지 못하고 버럭 소리를 지르게 되었다. 그렇게 자신이 원하지 않은 결과를 계속하도록 만드는 악순환을 겪고 있었다. 그녀는 남편을 부모처럼 생각하고 자신이 원하는 부모의 모습이 되어주기를 무의식적으로 바랐던 것이다. 그러나 남편은 그녀가 자신의 아내로서 당당하게 자리를 지키기를 원했다. 그녀가 자신감 없이 의존하려는 모습을 볼 때마다 답답했던 자신의 어머니를 생각하게 되었고 어머니에 대해 표현하지 못했던 화를 아내에게 내고 있었던 것이다. 이 부부는 자신의 원했던 부모상을 서로에게 기대하는 것을 멈추고 서로 협력하는 부부의 위치에 함께 서는 것이 필요했다. 그리고 자신의 모습을 인정하고 받아들여서 서로를 이해하고 아껴주는 모습으로 변화되도록 도와주었다.

말을 잘한다는 것은 상대가 말이 길더라도 배려할 줄 알고 자신이 말하려는 것을 정확히 아는 것이다. 결론부터 말하고 설명이 필요한 경우 설명을 추가한다면 상대는 핵심을 이미 알고 있기에 듣기에도 편하고 이유를 들을 수 있는 여유가 생긴다. 그리고 자신이 실수한 부분을 즉시 인정하면 상대는 그 상황과 말을 편안하게 받아들이게 되고 신뢰를 하며 이야기를 듣게 된다.

예전에 주차장에 통로 주차를 하고 차 키를 꽂아두어야 하는데 깜빡하고 가지고 나온 적이 있었다. 내 차 옆에 댄 차가 빠져나가지 못해 전화가 왔고, 주차장까지 3분 정도 소요가 되었다. 그런데 그분이 전화로 온갖 욕설을 퍼부었다. 나는 순간적으로 내 입장에 대해 생각을 하다가 생각을 바꾸었다. 왜냐하면 나보다 상대의 마음이 더 힘들고 화가 난 상황이었으니 나의 입장을 생각하는 것은 시간 낭비라는 생각이 들었기 때문이다. 나는 생각이 짧았다며 3분이나 기다리게 해서 죄송하다는 말을 바로 했다. 그러자 그분도 자신이 욕을 한 것이 민망했는지, 왜 욕을 했는지 설명하기 시작했다. 나는 빨리 인정하고 이야기를 들어주는 것을 선택한 것이다. 그래서 서로 불편한 마음 없이 정리를 하게 되었다.

마음에 담고 있는 것이 순간적으로 스트레스 상황에서 툭 튀어나오게 된다. 스트레스 상황에서도 자신의 마음을 빨리 알아차리는 연습을 한다면 좀 더 매너 있는 말이 나올 수 있다. 나이와 상관없이 성숙한 사람은 자신의 생각을 까칠한 상태 그대로 방치하지 않는다. 이 생각이 나와 타인에게 도움이 되는지 또 이 감정이 상대에게 퍼부어야 할 감정인지 내 감정인지를 아는 것이 생각과 감정에 대해 책임지는 것이다. 말을 너무 많이 하면 자기 자신의 상태를 알지 못하게 되고 자신의 말을 너무 안 하게 되면 주변 사람을 멀어지게 할 수 있다. 말을 많이 할수록 실수도 많이 하게 되며 또 말을 너무 안 하면 사람들은 답답해한다. 말을 안 하면서 반응도 없는 사람에게는 편하게 말할 수 없게 된다. 적절한 반응을 하

기 위해서 진심으로 자신뿐만 아니라 다른 사람과 진솔한 관계를 맺기를
바란다.

+ 상위 1%의 생각하기

① 설명이 중요한 사람
→ 먼저 결론을 이야기한 후 설명한다.
② 결론만 중요한 사람
→ 결론에 대해 인정한 후 그런 생각에 대한 이유를 들어본다.

5

감정에 따라
말의 의미가 달라진다

말은 감정 조절이 우선되어야 한다

나는 강의를 할 때 6주에서 8주 정도 토론하듯 강의를 한다. 왜냐하면 사람들이 자신의 사례에 맞게 궁금한 것들을 풀어낼 수 있기 때문에 강사 입장에서는 조금 힘든 부분이 있지만 참석한 사람들에게는 직접적인 도움이 되기 때문이다. 또 사람들의 감정 상태에 따라 태도도 달라지고 직접 소통하면서 현재 감정을 먼저 다루어줘야 다른 주제로 넘어갈 때 마음을 열고 나눌 수 있기 때문이다. 8주 강의를 하는 중 사람들은 그날 기분에 따라 주제와 상관 없는 질문들도 한다. 적절한 답을 해줄 때도 있지만 역질문을 통해 질문자 스스로를 알게 되는 방식을 나는 선택한다.

질문하는 대부분의 사람은 정답을 원한다. 하지만 결국 그것은 일시적인 효과밖에 안 되기 때문에 역질문을 하기도 하고 어떤 때는 좀 생각해보자고 시간을 주기도 한다. 생각보다 많은 사람들이 생각하는 것을 힘들어해서 역질문하면 벙어리가 되는 사람들이 있다.

내가 그랬다. 중학생 때 나는 원래 말을 잘 못하기도 했고 죽지 못해 사는 하루하루였기에 의욕도 없었다. 어느 날 영어 선생님은 하필 나에게 어려운 문제를 풀어보라고 하였다. 선생님은 그날따라 기분이 안 좋은 상태였는데 다들 대답을 못하자 나를 지적하며 답을 하라고 하였다. 그때 전해져오는 감정은 자신의 화난 감정을 주체하지 못해 화풀이용 학생 한 명이 필요한 것 같았다. '왜 하필 나지?' 순간 머리가 하얘졌다. 나는 너무 놀라고 무서워서 알던 것도 까먹을 판이었다. 그 긴장감은 어마어마했다. 겨우 일어나서 대답도 못하고 얼어붙었는데, 갑자기 화풀이를 해댔다. 그때 수치심은 말을 잘 못하는 내가 더 말을 못하게 되는 이유가 되었다. 나는 누군가 나에게 질문하면 긴장을 누구보다 많이 했다. 나는 관심을 받는 것도 부담스러웠고 내가 내 생각을 표현하는 것도 어려워했던 아이였기에 성인이 되어서도 강의를 들을 때는 뒤쪽 구석에 앉기를 좋아했다. 그리고 그룹으로 토론을 할 때나 자기소개를 할 때는 거의 이야기를 못 하였다. 누구보다 눈에 띄면 안 되는 아이였던 시절이 길었기에 새로운 나로 바뀌어가는 시간도 오래 걸렸다. 그렇지만 나는 나를 소중히 여기는 만큼 좋은 방향으로 빠르게 적응해갔다. 마음이 편해지면 말의 속도나 톤이 달라져서 전달도 달라진다. 표현 시 감정이 실리게 되는데 말은 괜찮다고 하더라도 말투나 말에 전해지는 감정에 따라 달라지는 것을 보면 메라비안 법칙이 떠오른다. 미국의 심리학자 매라비안의 법칙은 말할 때 상대에게 영향을 주는 요소의 비중이 말의 내용이 7%, 어조가 38%, 표정이나 제스처가 55%를 차지한다는 것이다. 1967년 당시 메라비안 교수의 실험은 감정을 전달하는 데에 집중되어 있었다. 같은 말을 하더라도 화난 목소리나 냉소적인 표정으로 말할 때 어떤 일이 벌어지는지를 실험했다. 말의 내용을 신경 쓰지 말라는 것이 아니라 말과 함께 다른 요소들이 어떤 영향을 미치는지가 중요하다는 것이었다. 다시 말하면 감정을 전달할 때에 단어 자체보다 다른 요소가 비중을 많이 차지한다는 것이다. 언어적, 비언어적 표현은 감정에 영향을 받는 것이다. 하지만 발표를 하거나 프리젠테이션 시에는 말의 내용이 가장 중요한 것이 된다. 언어, 말투, 표정의 모순이 있으면 말보다 외적으로 느껴지는 것을 믿기 때문에 우리가 표현하려고 하는 말과 함께 표정이나 어투도 같은 느낌을 주어야 한다.

햇살이 뜨거웠던 어느날 교회 예배가 끝나고 기분 좋게 내려오는데 남편이 왜 그렇게 인상을 쓰냐고 물어보았다. 나는 기분은 좋은데 인상을 쓴다는 이야기에 깜짝 놀랐다. '혹시 내가 모르는 억압된 감정이 있을까?

나도 모르게 얼굴 표정에 나타난 걸까?' 생각을 해보았다. 나는 내 상태가 얼굴에 그대로 나타나는 편이라 더 생각을 해보게 되었다. 내가 생각하는 나의 상태와 상대가 보는 나의 상태가 다를 수 있기 때문이다. 내가 알지 못하는 감정이 몸 어딘가에 남아 있을 수도 있다는 생각에 남편의 말이 고마웠다. 그날 햇살이 너무 눈부셔서 인상을 썼던 것이다. 그 이후로 내 마음 상태와 표정이 일치가 되고 있는지 가끔 나를 바라본다. 나도 모르는 나의 모습 때문에 사람들이 오해를 할 수 있기 때문이다.

난 선물을 예쁘게 포장하는 것을 좋아한다. 사람은 겉과 속이 같아야 신뢰가 가는 것처럼, 물건을 포장할 때도 아무리 좋은 물건이어도 포장이 별로면 물건에 대한 가치에 효과가 조금 줄어드는 것을 알기에 포장할 때 선물을 생각하며 포장했던 기억이 있다. 물건은 별로인데 포장이 너무 좋으면 진정성이 좀 떨어질 것이다. 그래서 물건과 포장의 수준이 비슷해야 하며 물건의 소중함을 담은 만큼 포장도 그에 맞는 격이 느껴져야 온전히 마음이 전달된다. 말을 할 때도 온전히 전달되는 것이 필요하며 그것은 감정이 영향을 미치게 된다.

감정이 전달되는 말

어떤 여성분은 회사에서 리더의 역할을 하는데 모든 사람들로부터 자기주장이 너무 강하고 비판적이라는 평가를 받고 있었다. 이분은 너무 억울해하고 있었다. 정말 좋은 의견을 이야기할 때조차 사람들은 듣기를 거부하고 그녀에 대해서는 자기주장만 하는 사람으로 사람들이 평가했기 때문이다. 그녀의 표현 방법은 문제점에만 집중해서 자신의 의견에 대한 확신과 옳다는 생각을 전하기 위해 강하게 표현했기에, 불만이 많은 사람으로 여기는 것이었다. 그녀의 의견은 순수했고 좋은 의견임에도 표현방식의 문제로 내용보다는 전달되는 감정에 사람들은 거부 반응을 느꼈던 것이다. 그분은 억울했지만 자신의 감정을 좀 더 살펴보는 것이 필요했다. 자신이 담당자도 아닌데 자신의 의견이 좋다고 그것만이 방법이라고 강하게 확신하면 다른 사람들은 자신의 의견이 무시되는 듯한 느낌을 받게 된다. 좋은 의견을 상대에게 잘 전달하려면 감정을 잘 다스린 후에 말을 전달해야 정확히 전달할 수 있다. 아이들의 경우도 엄마의 잔소리나 감정적 훈계에 대한 그 내용보다 드러난 감정으로 기억한다. 그래서 엄마들은 잘 키웠고 잘 교육시켰다고 생각하는데도 아이는 주눅들거나 반발심을 가지고 있을 수 있다. 말을 할 때 자신이 느끼는 감정은 상대에 대해 어떤 생각을 하느냐에 따라 두려울 수도 있고, 편할 수도 있다. 상대에 대한 마음도 함께 전달된다.

찜질방 중에 침묵을 하며 누워서 쉬는 곳이 있었다. 그곳에서는 사람들이 잠을 주로 잔다. 침묵의 규칙을 듣고 들어왔음에도 두 사람이 계속

이야기를 하고 있었다. 신경이 거슬렸지만 조용히 해달라고 하지를 못하고 있었다. 안내에 부탁해서 조용히 시켜달라고 하려고 했다. 나는 불편한 마음으로 잠도 들지 못하고 누워 있는데, 바로 옆자리에 누워 있던 분이 "대화는 나가서 해주세요."라고 이야기를 했다. 그분의 말에 감정이 전혀 실리지 않았다는 것이 느껴졌다. 나는 마음이 불편한 상태였기 때문에 분명히 내 감정이 묻어날 것 같아서 말을 하지 못했다. 그래서 제3자의 도움을 받으려고 한 것이고, 내 옆에 누워 있는 분은 그분들에 대해 감정이 없는 상태였기에 있는 그대로 표현할 수 있었다. 그날 감정에 따라 말의 전달이 완전히 달라진다는 것을 다시 확인하였다.

감정은 온전히 자신의 것이기에 자신이 관리하고 다스려야 함에도 다른 사람의 책임으로 돌리는 경우가 많다. "나를 화나게 한 요인은 그 사람이야!"라고 하는 것도 자신의 감정을 남에게 책임지도록 하는 것이다. 남 탓을 할 때 우리는 설명으로 탓을 하는 이유를 말 하지만 어쩌면 감정이 먼저 상해서 그런 이유들을 만들어 내는 것일 수 있다. 그때 그 감정의 주인 역할을 하느냐, 하인 역할을 하느냐에 따라 달라진다. 감정의 하인인 경우, 감정에 휘둘리거나 남의 것으로 넘기게 되고 자신이 책임지지 않으려고 한다. 감정의 주인인 사람은 주인답게 감정을 이해하고 자신의 감정임을 인정하고 책임을 지는 결정을 한다. 자신의 모든 생각과 감정 행동은 자신이 책임져야 한다. 그때 보이는 것과 보이지 않는 것이 일치되면 진실함이 나타난다. 누구도 남의 고통과 기쁨은 알 수 없다. 말로는 기뻐해주고 슬퍼해주지만 그 감정도 자신의 감정일 경우가 많고, 같이 느껴준다 해도 잠시 잠깐일 뿐 혼자 감당해야 하는 것이다.

진실한 감정으로 말을 할 때 전달력이 달라진다. 감정을 표현해야 한다고 해서 모든 감정을 이야기하는 것이 아니라 비판적 감정은 멈추고 감정을 통해 알게 된 진심과 원하는 것을 이야기하는 것이다.

+ 상위 1%의 생각하기

① 상대가 공격적으로 말을 할 때
→ 상대의 불편한 감정을 먼저 알아준 후 이야기한다. 감정을 알아주기 힘든 상황에서는 불편한 감정과는 무관하게 담담하게 사실적 내용만 이야기한다.
② 상대가 기분 좋은 말을 할 때
→ 최대한 그 감정에 맞추어 말을 한다. 기분 좋은 상태를 공감하기 전에 원하는 말을 한 후, 기분을 알아준다.

상대가 원하는
말을 해야 쉽게 이해한다

상대를 이해해야 전달이 달라진다

누군가 친밀하게 대해주면 고맙게 느낀다. 그러나 갑자기 태도가 돌변하면 관계가 멀어지기도 한다. 초등학교 때는 친구도 사귈 수 없을 만큼 몸이 많이 아파서 힘들게 다녔다. 그런데 2학년 때쯤 나에게 적극적으로 다가오는 친구가 있었다. 나와 짝이었기에 친하게 지내려고 했는지 알수 없었지만 먼저 다가와주었기에 친하게 지낼 수 있었다. 그런데 이 친구가 갑자기 나에게 이야기할 것이 있다고 하더니 "엄마가 너랑 놀지 말래! 너 몸이 너무 약하고 아파서 놀면 나도 안 좋아진대."라고 하며 전염병 걸린 아이 대하듯 거리를 두었고 말을 안 하기 시작했다. 또다시 나는 외톨이가 되었다. 이 친구도 자기 엄마의 말을 이해할 수 없어서 엄마랑 싸웠다고 했지만 결국 엄마의 말을 따르고 있었다. 알고 보니 담임 선생님이 엄마들에게 내가 많이 아프니 아이들과 친하게 지내지 못하도록 전달했다는 것이었다. 그 후 나는 외롭고 아픈 것을 사람들이 알면 친구가 없어지겠다는 생각을 하게 되었다. 그리고 어떤 고통도 표현하지 않게 되었다. 친구에게 전해들은 그 말은 이해가 되지 않았고 나에게는 잔인하게만 느껴졌다. 아픔을 이해받지 못하는 현실이 싫었지만 정신력만큼은 강해져야 한다는 생각이 들었다. 그리고 나는 내가 이해되지 않으면 무조건적으로 따르지 않겠다는 다짐을 했다.

어느덧 중학생이 되었을 때 비슷한 일이 생겼다. 나와 친하게 지내던 친구가 갑자기 돌변했던 것이었다. 친구는 이유도 없이 갑자기 나와는 말도 하지 않았고 다른 아이들과 다녔다. 이런 일이 일어나자 나는 초등학교 2학년 때의 일이 생각났고 이 관계를 포기하고 싶지 않았다. 이유 없이 나를 피했지만 나는 이유 없이 잘 대해주었다. 나의 마음은 변함이 없었기 때문이다. 그렇게 한결같은 마음으로 친구로 대하다 보니 그 친구가 다시 예전의 모습으로 돌아와 나랑 잘 지냈던 기억이 난다. 초등학교 때는 부모의 권위로 이해되지 않은 말도 친구가 따랐던 것이고, 중학교 때 나와 친구는 스스로 판단하며 관계를 결정을 할 수 있었기에 결과가 달라졌던 것이다. 성인들도 자기 기분에 따라 판단을 하고 멀어졌다가 가까워졌다가 들쑥날쑥한다. 사람들은 나에게 한결같은 모습이 좋다고 한다. 그 이유도 어릴 때부터 내 주관대로 결정하고 행동했던 경험이 좋은 결과를 가져다주었기에 현재도 한결같이 내 마음과 생각을 말하면서 관계를 유지하기 때문인 것 같다. 사람들의 관점에 따라 이해의 차이가 있고 누구나 자신만의 관점을 가지고 살아간다. 우리는 같은 관점을 가진 사람을 만나면 반갑고 기분이 좋다. 그러나 다른 관점을 가지고 있으면 마음의 거리가 느껴진다. 취미만 같아도 말이 통한다고 하는 것은 비슷한 생각을 가지게 되면 이해하는 부분이 많아서일 것이다.

몇 년 전 관점에 대한 수업을 진행할 때 같은 주제에 대해 관점이 반대인 사람과 파트너가 되어 이야기를 해보게 하였다. 무엇이 들리는지 자신은 어떤 생각과 말을 하고 있는지를 관찰해보라고 했다. 사람들은 듣는 것에서부터 힘들어하기 시작했다. 그러나 게임이었고 이해관계가 없는 사람들이었기에 잘 들어주는 척까지는 할 수 있었다. 만약 가까운 사이인 경우는 좀 어려울 수 있다. 가까운 사이일수록 상대를 이해시키기 위해 자신의 관점이 맞다는 입장에서 이야기를 하게 되고 자신도 모르게 강하게 이야기하게 된다. 그럴 때 듣는 사람은 보통 회피하거나 공격하게 된다. 이해되지 않는 말 중 어떤 말은 상대가 얄미워서 이해하고 싶지 않기도 하고 자신을 이해하지 못하면 타인을 이해하지는 못하면서 이해시키려고만 한다.

나는 최근에 어느 모임에 갔는데 간식을 나눠줄 때 내 자리에만 간식이 없었다. 그러기도 쉽지 않을 텐데 그런 일이 생겼다. 그리고 남은 것은 다 정리를 해버려서 내가 자리로 왔을 때 간식 나눠주시는 분이 "어머! 다 챙긴다고 챙겼는데… 아이 미안해라 내일 줄게요!"라고 했다. 그때 나는 '이분이 민망하고 미안해하는구나.'라고 이해했다. 그런데 내일 준다는 말은 이해가 되지는 않지만 마음으로 들으면 어떻게든 챙겨주고 싶어 하는 말이다. 이럴 때 말을 한다면 "저희가 실수를 했네요! 죄송합니다. 제가 따로 챙겨드릴 것이 있는지 확인해보겠습니다."라고 하면 좋을 것이다. 어떻게 표현하고 어떻게 듣느냐에 따라 관계가 달라진다.

그날 남편이랑 밥을 먹으려고 했는데 밥솥에 딱 한 공기만 나오는 양만 있었다. 그리고 샤워를 했는데 수건이 한 장도 없었다. 그리고 나를 도와준다고 한 사람이 상황이 어렵다고 다른 약속을 해버린 상황이 생겼다. 그리고 이동 중에 버스도 잘못 내려 한참 걷고, 집에 올 때조차 버스를 잘못 타는 상황이 하루 종일 연속적으로 일어났다. 이런 상황들을 연결 지어 점점 자신을 힘들게 하는 사람이 있는가 하면 하나하나 따로 생각하는 사람들이 있다.

판단을 보류하고 현재의 상황에 집중하기

동양인들 대부분의 사고방식은 관계적 사고를 하기 때문에 연관지어 생각하는 경향이 있다. 하루의 일상에서 일어난 일들을 감정적으로 연결시킨다면 하루를 어떻게 해석하게 될까? '간식을 나만 안 주었네…'라고 생각하며 '내가 투명인간인가? 난 예전부터 그랬어.'라며 스스로 기운을 빼다가, 밥 한 공기만 있으면 '그럼 그렇지. 내가 오늘 먹을 복이 없나봐.'라고 생각하고 기분 나쁜 얼굴로 남편을 보게 되고, 샤워 후 수건이 하나도 없으면 '왜 나만 이런 사소한 모든 일을 해야 하지? 내가 챙기지 않으면 아무도 안 하네!'라며 억울한 생각이 슬글슬금 올라올 수도 있을 것이다. 그런 와중에 약속한 사람이 취소하게 되면 '미리 이야기하지 1시간 전에 알려주면 어떡하나! 지난주도 그렇고 나랑 먼저 한 약속은 중요하지 않은가 보지? 나는 무시해도 되는 사람인가 봐…'라고 생각이 이어지면서 스스로 기운을 다 빼고 시간을 대충 쓰거나 잠만 잘 수도 있다. 그리고 '오늘 하루는 왜 이렇지? 뭘 해도 잘 안되네. 조심해야겠어.'라든지 '조용히 집에만 있어야겠어.'라고 생각해서 행동을 제한하며 잠이 들 때는 하루가 엉망이라고 생각할 수도 있다. 그러나 독립적으로 하나하나를 생각하게 된다면 어떨까? 나만 간식을 주지 않는 것에 대해 기분이 나빴을 수 있지만 그런 실수는 나도 할 수 있다고 생각한다. 밥 한 공기라도 줄 수 있어서 다행스럽고 감사하고 약속을 취소해도 그 시간을 잘 보낼 수 있는 또 다른 선택을 할 수 있다.

독립적으로 나누어서 생각하는 방식은 불쾌한 일이 일어날 때는 도움이 된다. 개인적인 경험에 의해 독립적으로 생각하고 이해하는 것이 좀 더 긍정적인 도움이 되었었다. 그날도 여러 가지 일이 있었지만 에너지 소모 없이 오히려 감사와 기쁨으로 하루를 보낼 수 있었다. 이해되는 말을 하려면 자신에게 하는 말을 잘 들어봐야 한다. 왜 이런 말과 행동을 왜 하는지에 대해 알아내야 한다. 그래야 내 감정으로 다른 사람을 왜곡해서 보지 않게 된다.

자신의 생각과 말로 자신의 하루가 창조된다. 말은 남들이 하는 말보다 자신 스스로에게 하는 말에 더 큰 영향을 미치게 된다. 자신을 이해하고 받아들이는 과정에서 다른 사람의 말도 잘 이해할 수 있게 된다. 오래 만난 사람이라 하더라도 오늘 하루만큼은 다르기 때문에 내가 판단할 수 없다.

몸과 마음이 많이 지쳐 있었던 때에 사람을 잘못 판단해서 오해로 사람을 잃을 뻔한 적도 있다. 6주 수업을 시작할 때마다 중요한 부분에 대해 시작 전에 매주 요약 설명을 해주었지만 6주 끝나는 날 왜 궁금해하는 것을 설명해주지 않냐고 따지는 분이 있었다. 그래서 다른 분들에게 "혹시 이 내용을 모르시는 분 계신가요?"라고 물어봤다. 그런데 이분 외에는 모두 이해를 하고 있었다. 그 분은 내가 사람들에게 "혹시 모르는 분 계신가요?"라고 물어본 것을 기분 나빠하였다. 나는 순간적으로 이분이 지금까지 따지듯이 말한 모든 것이 떠오르며 자신이 원하는 대로 안 되니 지금 이러시는구나 싶어 짜증이 살짝 올라왔다. 이렇게 그분의 과거의 모습을 연결해서 판단하다 보니 감정이 원치 않는 방향으로 흘러가는 것을 다행히 알아챌 수 있었다. 알아채는 순간 판단을 멈추고 현재 이분의 상태에만 집중할 수 있게 되어서 감사했다. 순간적이었지만 생각을 바꾸었고 서로 감사한 마음으로 마무리를 하게 되었다. 사람들은 너무 다양해서 자신이 이해할 수 있는 말로 자신이 원하는 방식대로 전달해주기를 바란다.

  이해시키기 위해 이해되는 말을 해야 한다. 이해되는 말은 상대의 관심 분야에 대해 이야기하거나 판단하지 않고 말을 해야 마음을 열고 이해할 수 있다.

+ 상위 1%의 생각하기

① 상대가 원하는 말을 하기 위한 생각과 감정 다루기
→ 감정이 좋지 않은 상태에서 듣는다면 조금 전의 기분 나쁜 일이 있었던 것과 연관된 감정인지, 지금 이 순간의 감정인지를 분간하기

7

말의 온도를 맞추면
마음이 열린다

너무 가깝거나 멀지 않아야 따뜻하다

"따뜻하게 말해주셔서 감사합니다."라거나 "말이 좀 차가워!"라고 흔히 반응을 한다. 말뿐만 아니라 사람을 대할 때도 "그 사람 좀 차가워 보여! 따뜻한 사람이야!"라고 온도로 이야기하기도 하는데 사람들과 온도를 맞춘다는 것은 무엇일까? 사람들은 감각 중 시각을 가장 먼저 받아들이는 경향이 있다. 온도는 촉각이지만 시각의 작용으로 다른 감각들도 느끼게 되는데 '차가워.'라는 말은 청각에 의해 촉각을 느끼는 것이다. 청각도 시각의 작용과 함께 보고 듣기 때문에 보이는 것에 따라 청각과 촉각까지 느끼게 되는 경향이 있다. 부드러워 보이는 미소로 차갑게 말하면 차갑

다기보다 단정한 느낌을 받을 수도 있다. 그렇기 때문에 말의 온도를 맞추는 것은 분위기와 말의 속도 등 여러 가지 요소를 함께 맞추는 것이다. 온도와 관련한 표현들은 마음과 관련이 있다. 말은 마음의 온도에 따라 다르게 들릴 수 있는데 말은 부드럽고 따뜻한 말이어도 표정이 차가우면 상대는 진실이 아니라고 알아차린다.

한국에서도 인기를 끌었던 미국 드라마〈라이 투 미〉는 상대방의 표정이나 반응 등을 보고 거짓말을 하거나 숨기는 것이 있다는 것을 알아내어 사건을 해결하는 내용이 많이 나온다고 한다. 나도 관심이 있어서 보려고 했지만 보지 못해 아쉬움이 있다. 표정으로 인해 마음이 바뀔 수도 있으므로 마음을 잘 반영할 수 있도록 하려면 표정을 먼저 원하는 말과 동일하게 해보는 방법도 있다. 몸짓에서도 손이나 팔짱으로 자기 영역을 표현할 만큼 사람들은 자기 영역에 대해 침범당하는 것을 싫어한다. 우리 각자의 경계선은 내 것과 너의 것을 구분하는 것이기도 하고 나의 안전거리를 지키는 것이기도 하다. 가족의 특성에 따라서도 경계선이 달라진다. 가족에게 받은 온도들이 고스란히 자신에게도 있다. 어떤 가정은 외부와는 거리를 두고 자기 가족만 중요하게 생각하는 경향이 있고, 가족밖에 믿을 사람이 없다는 말을 잘하며 가족이 모두 함께해야 한다는 말을 자주 한다. 가족 관계는 소원하지만 외부와 좋은 관계를 맺는 가족은 사교적이고 외부 관계를 중요시하며 외부 활동을 많이 하지만 가족끼리는 서로 간섭하지 않으며 각자 알아서 지내기도 한다. 가족도 경계선에 따라 따뜻하거나 차갑거나 미지근할 수 있다. 그렇게 온도가 다르듯이 가족 속의 개인도 자신만의 경계선과 온도를 가진다.

사람들의 말에서 느껴지는 온도는 천차만별이다. 말은 듣는 사람의 온도에 따라 달라지기도 한다. 들을 때 감정의 온도를 맞추어야 하는데, 그런 감정의 온도를 맞추려면 자신의 감정을 알아야 한다. 감정은 신호등에 비유된다. 감정이 초록일 때는 서로 이야기가 잘 통하지만 주황불일 때는 감정 대기시간이다. 빨간 신호등일 때는 말을 멈추어야 하는데 감정대로 표현하다가 소통사고가 일어날 수 있다. 내면의 신호를 잘 파악해서 말을 준비할 때인지, 소통을 하는 때인지, 말을 멈추어야 하는지 파악하면 도움이 된다. 감정의 경계선이 혼란스러운 사람 중 한 분은 자신은 과거를 극복하고 용기 내어 살고 싶은데, 과거가 발목을 잡고 있어서 앞으로 나갈 수가 없다는 분이었다. 우선 발목을 잡고 있는 것이 다른 사람이라고 생각하는 것에서 벗어나야 했다. 발목을 잡고 있는 것은 자기 자신이다. 언제든 놓을 수 있고 앞으로 갈 수 있는데 자신은 꼼짝 못한다고 생각하고 자동적으로 풀어지기를 바라고 누군가 풀어주기만을 바라는 의존적인 상태였다. 가족의 관계도 밀착되어 있었기에 의존적으로 지냈다. 처음에는 남편에게 집착했다가 남편이 자신의 뜻대로 되지 않자 아들을 선택했던 것이다. 관계가 좋아보여도 악순환을 만들고 있다는 것은 문제가 터진 후에야 알게 된다. 그 전까지는 자신의 가족이 건강하게 잘 지내고 있다고 생각을 한다. 그러다 문제가 생기면 충격을 받는 것이다. 지긋지긋하게 자신을 잡고 놓지 못했던 그분의 과거는 8주 정도 지난 후에 스스로 용기를 내어 놓아버릴 수 있었다. 그리고 다른 인생을 살기로 결심했다. 자신의 욕구는 성장이었기 때문에 그 욕구를 위해 살기로 한 것이다. 욕구와 욕심은 다르다. 욕심은 나의 것 이상으로 넘치게 탐내는 것으로 남의 것까지 탐내게 될 수 있다. 욕구는 기본적으로 얻고 싶은 것과 하고 싶은 것이다.

자신의 온도는 자신이 지켜야 한다

예전에 미술을 몇 달 함께 공부했던 사람 중 나와 인사 정도 하고 지낸 분이 있는데 갑자기 나를 찾아와서 밥을 사달라고 하며 몇 주 우리 집에서 좀 묵었으면 좋겠다고 하였다. 사정이 어려워 보여서 몇 주를 함께 지냈는데 힘들게 일하고 들어오면 집에서 TV 보고 있는 경우가 많았다. 나는 조금 답답했지만 그런 시간도 필요하다고 생각해서 받아들였는데 자신의 빨래도 안 하고 거의 집안일에 손도 대지 않았다. 나보다 나이도 2살 많았지만 그럴 수도 있다고 이해했는데, 어느 날 집에 들어가니, "밥은 있는데 반찬이 없어서 굶었어!"라며 투정을 부렸다. 집에 머물게 한 몇 주의 시간 동안 아무것도 안 하고 밥과 반찬까지 해주었음에도 반찬을 안 해놓았다고 말하는 것을 보며 그 사람과 나는 많이 다르다는 생각이 들었다. 무조건 내가 따뜻하게 대해주기만을 바랐다. 매달 집에서 받는 용돈이 있음에도 생필품조차 사지 않아서, 돈이 없는 것은 아니니 필요한 생필품은 사서 쓰라고 권했다. 그 이야기를 듣고 이렇게 매정하냐고 서러워하며 울었다. 울음에서도 진실함을 느낄 수 없어서 그 순간도 차가움이 느껴졌다.

사람이 어떤 일을 대할 때 차갑게 표현할 수 있고 따뜻하게 위로할 수 있다. 자신의 경험에 의해 내가 하는 말이 불평이나 문제제기를 한다고 착각을 했었던 것 같다. 우리 집에서 나간 후로 그 사람은 연락을 끊어버렸다. 나는 오히려 연락이 안 되는 것이 다행이라고 생각할 만큼 그동안 마음이 불편했다. 이분과는 마음의 온도가 달랐다. 이분은 극단적으로 온수와 냉수만 기능하는 사람처럼 느껴졌다. 이런 과도한 인정과 사랑을 원하는 자신의 욕구를 지나치게 상대에게 요구하다 보면 채워지지는 않고 욕구 갈증은 해소되지 않는다. 그래서 다른 곳에서라도 부족감을 채우려고 한다. 사람의 기본적인 욕구는 식욕, 수면욕, 성욕이 가장 기본적인 욕구이다. 기본적인 욕구가 채워지면 그 외에 인정의 욕구, 사랑의 욕구 등이 있는데 이런 욕구는 타인에게 요구하는 것이 아니라 자신이 채워야 한다. 그 채워진 욕구를 다른 사람에게도 채워주는 것이 성장이고 행복이다.

어느 강의 스킬 과정에서 강사가 되기를 원하시는 분에게 내가 "왜 강사가 되려고 하나요?"라고 했더니 그분은 강의로 돈을 많이 벌고 유명해지고 싶다고 했다. 그 목표가 전부였다. '나는 왜 강사가 되었을까?'라는 생각도 해보았다. 내가 강사가 된 것도 책 쓰는 것과 마찬가지로 나의 가능성 확장을 위한 것이었다. 내가 남들 앞에서 이야기하는 것을 못한다고 생각했는데 그것을 할 수 있도록 시도해보고 싶었다. 그리고 사람들을 만나면서 실제적인 도움을 주는 것에 기쁨도 느끼기에 내가 가진 것의 한도 내에서 누군가에게 도움을 줄 수 있고 내 존재로도 도움이 되고 있다는 것을 알게 되었다. 그러면서 강의를 할 때도 진심을 다해 사람들과 만나게 되었던 것이다. 못한다고 생각하는 것을 함으로써 많은 것을 얻을 수 있었다. 사람마다 기분에 따라 온도가 차이가 있는데 그런 온도에 얼마나 잘 적응하고 맞출 수 있는지는 다양한 사람을 만날 때 알 수 있다. 자신의 온도만 맞춰주길 바라지 말고 상대는 어떤 온도를 가지고 만나고 있는지를 살펴보고 느껴보는 것이 필요하다. 나는 부드럽게 이야기한다고 하더라도 상대방이 차갑게 받아치는 경우가 있다. 반대로 차갑게 이야기해도 부드럽게 받아주는 사람도 있다. 차가운 말을 하는 사람은 어쩌면 가장 따뜻한 말을 원하는지도 모르겠다. 그래서 나는 가능하면 사람들을 따뜻하게 대해주려고 한다. 나는 내가 할 수 없는 부분은 어쩔 수 없지만 가능한 온기를 전해주려고 한다. 만나는 사람 중에 마음의 온도가 맞는 사람은 마음이 열려 말도 서로 잘 이해한다. 말의 온도는 지금 현재의 마음 상태와 같다. "사람은 끼리끼리 모인다."라는 말이 있듯이 온도가 맞아야 만나고 싶고 끌림을 느낀다. 마음을 열게 하려면 상대의 마음 온도에 맞추는 것이 먼저다.

+ 상위1%의 생각하기

① 내 온도와 맞는 사람을 만나고 있는가?
→ 일에 대해 이야기하고 있는데 개인적인 감정으로 상대를 만나고 있는지 본다.
② 상대의 온도를 이해하고 있나?
→ 상대는 어떤 감정 상태인지를 느껴본다.

8

관심의 언어를
사용한다

말을 해야 할 때와 하지 말아야 할 때가 있다

사람들을 오랜만에 만나면 "요즘 어떤 것에 관심을 갖고 있나요?"라는 질문을 하기도 한다. 관심이 무엇인지를 아는 것도 관심이지만 의외로 자신이 어디에 관심을 갖고 있는지 모르는 경우가 많았다. 하지만 또 어떤 사람들은 관심이 너무 많아서 자신도 감당하지 못하는 것을 이야기한다. 우리가 관심을 가지는 것은 고정적이지 않고 움직인다. 집중적인 관심을 가지는 것이 있고, 가볍게 관심을 가지는 것도 있다. 그렇다면 사람을 대할 때는 언제 관심을 가지게 되나? 그럴 때 어떻게 관심의 언어를 사용하고 있을까? 대부분 인사를 하면서 연결을 하거나 가볍게 날씨 이야기로 말을 시작하는 것을 많이 보게 된다. 사람은 관심을 필요로 하고 서로 주고받게 되는데 특히 언제 관심을 받고 싶을까? 관심을 받는 입장에서는 어떤 도움이 필요하거나 특별한 날 누군가 알아주기를 바랄 때 등 여러 경우가 있을 수 있다.

나는 매일 새벽에 가볍게 동네를 뛰는데 어느 날 갑자기 넘어졌다. 새벽이라 사람이 없다고 생각을 했는데 50m 정도 떨어진 곳에서 남자의 목소리가 들려왔다. "괜찮으세요?" 그때 나는 아무 말도 할 수 없는 상태였다. 아프기도 했지만 일어나기 힘든 자세로 넘어졌던 것이다. '누군가 도움을 주면 일어날 수 있을 텐데.'라고 생각했지만 목소리가 안 나오고 신음소리만 나왔다. 그런데 그 남자는 '쯧쯧.' 하며 그냥 가버렸다. 나는 갑자기 허탈함을 느꼈다. 처음 그 목소리는 반갑고 고마운 말이었으나 '쯧쯧'이라는 말과 함께 사라지니 '말을 하지나 말지!'라는 생각이 들었다.

힘들어하는 사람을 보면서도 마음이 느껴지지 않는 공허한 말만 하는 사람이 있다. 힘들 때뿐만 아니라 칭찬할 때도 마음이 느껴지지 않는 칭찬, 사과를 해도 영혼 없는 사과를 하는 사람들의 말은 받아들여지지 않고 둥둥 떠다닌다.

어떨 때는 '말이라도 좀 하지.'라는 생각이 드는 때가 있다. 나는 어릴 때 집에 아무도 없어서 할머니 집에서 시간을 보내야 했는데, 같은 동네가 아니라 버스를 타고 가야 할 거리였다. 일주일 내내 할머니 집에서 지내야 했고 주말에만 집으로 가는데 그 곳은 할머니와 나, 단 둘만 있었다. 할머니 외에는 아무하고도 이야기를 할 수 없었는데 할머니는 말이 거의 없으셨다. 들려오는 라디오 소리는 더 지루함을 느끼게 해주었다. 아무것도 할 수 없는 지루함과 심심함은 숨이 막힐 정도였다. 그리고 우리 집이 아니었기에 나도 모르게 눈치를 보았다. 불편해 보이지 않으려고 했고 할머니 마음을 서운하지 않게 하려고 했다. 아무 문제없이 괜찮은 척, 할머니 집이 좋은 척하고 있었다. 그리고 엄마에게도 그곳에서 잘 지내는 모습을 보여줘야 한다는 생각으로 버텼다. 나는 그런 상황이 싫었기에 일주일 이상 지내게 될 때는 가지 않으려고 울며 싫다고 했었던 기억이 있다. 그러나 억지로 보내졌다. 나의 울음은 전달되지 않았고 전혀 관심 밖의 일 같았다.

내 집이 아닌 곳에서의 생활은 어린아이라 할지라도 불편함을 느끼고 눈치를 보게 된다. 아이로서 얼마나 심심할지 알아채는 것도 관심일 것이다. 때로는 지루해하는 것을 이해하고 알아준 것 같았지만 그럴수록 더 괜찮은 척하고 내 마음을 지켜야 했다. 상대의 말을 잘 듣고 공감하고 괜찮은지 확인하는 것도 관심인데 관심을 받고 있다고 생각이 들지 않을 때가 있다. 나는 어릴 때 졸린 상태에서 아침을 먹어야 했는데 먹기 싫어도 엄마는 억지로 먹였다. 몸이 잘 아팠기에 엄마 입장에서는 잘 먹여야 한다는 생각도 들었겠지만 아프니까 더 먹기 싫은 것을 이해받고 싶었다. 그러나 나의 의견과 달리 밥을 먹여야 마음 편한 엄마의 입장은 확고했다. 그럴 때는 "먹기 싫겠다. 혹시 먹고 싶은 것이 있으면 이야기하면 꼭 해줄게."라고 하며 기다려주는 것도 관심언어이다.

언젠가 모임에서 같이 밥을 먹다가 어떤 분이 자신이 해온 국이라고 계속 먹으라고 강요한 적이 있다. 모든 사람들에게 다 국을 퍼주었다. 나는 내가 싫어하는 국이어서 안 먹겠다고 했는데도 안 먹으면 큰일이라도 나는 듯했다. 내가 괜찮다고 하는 말을 먹기 싫어서 하는 말로 듣지 않고 그냥 하는 소리로 들었다. 이럴 때 괜찮다는 말은 애매하다. 그래서 "내가 좋아하지 않는 국이라 먹고 싶지 않아요. 이렇게 챙겨주시는 마음은 감사합니다."라고 말을 바꾸었다. 자신이 관심 있고 좋아하는 것은 다른 사람도 좋아할 것이라고 생각하는 것이다. 그리고 자신이 해온 것을 자신처럼 맛있다고 하며 먹길 바라서일 수도 있다. 괜찮다고 말할 때 자신의 행동을 통해 고마움을 느끼기를 바라는 마음을 내려놓고 다른 사람에게 관심을 가진다면 "먹고 싶으면 불편해하지 말고 편하게 드세요! 제가 맛있게 해온 것을 먹는 것을 보면 저도 기뻐요!"라고 하는 말이 상대에 대한 관심의 말이다.

나는 가끔 엄마들이 아이들을 대할 때 지나치게 마음을 알아주느라 끌려다니거나 아이 표현을 무시하는 태도를 보면 엄마들이 아이들에게 관심을 갖는다는 것에 어려움을 느낀다는 생각을 한다. 공감을 해야 할 때 하는 것이 아니라 엄마가 공감하고 싶을 때나 기분이 좋을 때 공감을 하고 엄마가 피곤할 때는 아이 상태는 무시하고 말도 들으려고도 하지 않는 것을 종종 보게 된다. 엄마들은 몸이 힘들면 아이에게 관심을 갖기 힘들다고 한다.

관심인가 간섭인가

어떤 분은 아이가 귀찮다고 하며 울음을 터트린 적이 있다. 아이가 귀찮아서 보기가 싫다는 엄마는 자신이 어렸을 때 관심을 전혀 받지 못하고 자랐다고 했다. 엄마가 남동생만 예뻐하고 자신은 시어머니와 닮았다는 이유로 미움을 많이 받고 자라서 늘 외로웠다고 했다. 남동생에 대한 비교와 질투가 느껴졌지만 엄마의 관심과 사랑을 남동생처럼 받고 싶어서 노력을 했지만 소용이 없었고 언제나 엄마는 남동생만 바라보고 있었다고 한다. 남동생도 미웠지만 엄마가 가장 미웠다고 했다. 남동생과 엄마는 늘 한편이었고 자신은 시어머니에 대한 화풀이 도구가 된 것 같았다고 하였다. 그분의 어릴 때는 비교를 당하면서 존재감도 없었고 늘 불안한 모습이었다고 하였다. 가족에 대해 아무 관심 없는 아빠에 대해서도 답답함이 있었다고 하였다. 그래서인지 현재 자신의 딸이 간혹 자신과 같은 모습을 보일 때는 어릴 때의 자신의 모습이 보여서 화가 치밀고 자신처럼 스스로 알아서 잘 지냈으면 좋겠는데 엄마와 같이 놀기를 원하면 짜증이 올라와서 자신도 모르게 화를 낸다고 하였다. 관심을 받지 못하고 자랐기에 관심을 주는 것이 어려울 수는 있다. 무관심에 익숙해져 있기 때문에 자신의 아이들에게도 자연스럽게 무관심으로 대할 수는 있다. 하지만 아이에게는 엄마의 무관심과 함께 불안도 전달되면서 아이에 대한 간섭은 심해질 수 있다.

관심과 간섭은 다르다. 관심은 상대가 어떤 것을 힘들어하고 있는지 좋아하는 것은 무엇인지 알아가며 이해하는 것이고 간섭은 내 기준에서 지시하며 통제하려는 마음이 들어 있다. 간섭이 심한 사람도 자신은 간섭이 아니라 사랑이며 관심이라고 하는데 간섭을 많이 받으며 자란 사람의 경우 그 간섭을 사랑으로 생각하기 때문에 같은 방법으로 사랑을 주는 일들이 생긴다. 간섭의 언어를 사용하는지 관심의 언어를 사용하는지를 구분하는 데 중요한 것은 내 마음이 편하려고 말을 하는 것은 간섭이고, 상대의 마음을 알아주고 함께하려는 것은 관심이다. 그러나 지나친 관심은 간섭으로 갈 수 있기에 경계선을 지키며 관심을 가지는 것이 필요하다. 어떻게 하는 것이 나에게만 유익한지가 아니라 상대에게 유익한지도 생각하며 배려하는 것이다. 나의 이미지만 생각하며 관심 있는 척하는 사람도 있다.

자신이 편하기 위해 혹은 문제를 빨리 수습하기 위해 사과를 습관처럼 하는 사람이 있었다. 그분을 보면 머릿속에 '죄송합니다.'란 스위치가 늘 켜져 있는 사람 같았다. 그 사과의 말에 진정성을 느끼지 못했기에 나를 포함해서 많은 사람들은 기분 나빠 했다. 아무 내용 없이 '죄송합니다!'란 말 이외의 어떤 변화도 없었기에 가까운 사이라면 뭐가 죄송한지 묻고 싶을 정도였다. 나는 미안해할 필요가 없다고 했고 어떻게 해결할 건지만 이야기하자고 했지만 계속 '죄송합니다!'란 말만 해서 더 이상 말을 할 수가 없었다. 타인의 말에 전혀 관심이 없는 사람이란 생각이 들어 가슴이 답답해졌던 일이었다.

남 의식을 많이 하는 사람들은 좋은 사람으로 보이기가 먼저이기 때문에 자신을 돌보는 시간이 부족한 경우가 많다. 그러면서도 주변 사람들에게 무언가를 원하기 때문에 피곤하다. 그런 사람은 주변에서 자신을 챙겨주는데도 불편함을 느끼며 관계를 어려워한다. 잘 챙겨줘서 고마운데 보답을 해야 할 것 같은 부담이 든다고 하소연하는 일도 있다.

사람의 눈과 귀는 외부로 향해 있어서 남들을 바라보는 것이 먼저이고 남을 의식하며 살아가게 되어 있지만, 남을 통해 자신을 바라보는 거울로 삼는 사람들은 찾기 힘들다. 그래서 자신은 늘 옳고 바르며 남들은 잘못되었으니 가르쳐주어야 할 대상으로 보기 쉽다.

관심을 가진다는 것은 사랑이다. 사랑을 하게 되면 관심을 가지게 된다. 예전에 나는 강의가 끝난 후 거울을 하나씩 선물로 주었는데 그 이유는 자신이 가장 관심을 가져야 하는 대상이며 세상에서 가장 귀한 존재라는 의미를 부여해서 드린 것이다. 자신을 가장 귀하게 바라볼 수 있는 사람은 자신에게 깊은 관심을 가지게 되고 다른 사람을 볼 때도 자신을 볼 수 있는 기회로 삼고 지혜를 얻는다.

예전에 마음이 많이 힘들고 지친 상태에서 길을 가다가 깨진 유리조각들이 바닥에서 반짝이는 것을 보았다. 그 깨진 유리조각들을 보는 순간 내 마음의 상처도 이렇게 반짝이면 좋겠다는 생각이 들며 마음을 추스른 적이 있다. 내 마음이 이렇게 부서지듯 아프고 힘들 때도 있지만 이런 다양한 경험에 빛을 비추어주면 아름다운 작품이 될 수도 있겠다는 생각이 들며 하늘을 바라보았다. 맑은 하늘에는 햇살이 눈부시게 비치며 나에게 따뜻한 위로를 하는 것 같았다.

관심의 언어를 사용하는 것은 사람들의 부서진 유리조각 같은 것이 빛날 수 있도록 하는 역할을 한다. 그 경험의 조각들이 쓸모없는 것들이 아닌 무한한 가능성으로 다시 작품이 되도록 한다. 도와주는 행동이 필요한 것인지 방법을 알려주는 것이 필요한 것인지 모른 척해주어야 하는 것인지를 아는 것이 관심의 시작이 될 수 있다. 관계에 따라 관심의 정도도 달라지겠지만 상대를 잘 모를 때는 어설픈 간섭보다 침묵이 필요하다. 때로는 침묵도 관심의 언어이다.

사람들이 스스로에게도 관심의 빛을 비추어 자신의 가능성을 잘 찾아 가기를 바라는 생각이 든다.

+ 상위 1%의 말하기

① 상대방의 이름과 직위를 기억하고 불러주기

② 변화된 외모나 행동에 대해 알아주기

③ 무엇을 잘하는지, 무엇을 도와주어야 하는지 알아주기

3 장

당신의
말하기에
심리기술을
더하라

1

말의 끝맺음이 좋아야
또렷한 인상을 남길 수 있다

말을 끝낼 때는 깔끔하게

말을 할 때 끝까지 확실하게 말을 맺는 것이 좋다. 서류를 제출해야 하는 상황에서 다음에 하겠다고 말하는 것보다 "서류는 화요일 오전 11시까지 보내겠다!"라고 분명히 말해야 상대도 명확해진다. 평소에는 어떻게 말을 끝맺으면 좋을까? 보통 전화통화를 하고 끝낼 때는 "감사합니다." 혹은 "알겠습니다."라고 한다. 그런 말을 하고서도 찜찜한 때는 상대가 전화를 끊었는지 확인 후 끊게 된다. 직접 만나서 미팅하고 말을 맺을 때도 애매하게 맺는 경우가 있다. 애매함은 마지막에 찜찜한 기분을 들게 하고 상대방에 대한 이미지로 남게 된다. 말의 끝맺음은 분명하게 표현하는 것이 좋다. "오늘 이런 이야기를 했는데 다음에 만나면 좀 더 구체적으로 이야기해봅시다."라든지 "오늘 만나서 이런 이야기를 했네요."라든지 어떤 내용을 이야기했고 무엇이 정리되었는지 말하면 된다. 가까운 사이에서도 끝맺음을 잘하는 습관을 들이는 것이 좋다. 진심을 전달하게 되면 좋은 감정과 정리된 내용으로 마무리되어 기분이 좋아진다. 마무리를 할 때 편안하면서 정확하게 말하지 않으면 인상이 확실하게 기억에 남지 않는다. 좋은 마무리를 위해 말을 시작할 때 무엇을 이야기 나눌 것인지를 미리 정해놓으면 도움이 되기도 한다. 미리 정해놓지 않으면 이런저런 이야기를 많이 하게 되고 언제 마무리를 해야 할지 모르게 된다. 내용도 다양해서 딱 집어 정리하기 어려울 수 있다.

말의 끝맺음이 좋았던 기억은 말을 하는 내내 서로 한 주제로 말을 했을 때였고 그 이야기로 다양한 생각을 나누었던 것이다. 그리고 관점이 확장되었던 대화인데 궁금한 것들이 대화를 통해 해소되었기에 끝까지 마무리가 잘된 시간이었다. 말의 끝맺음이 좋아지기 위해 했던 순서는 먼저 무엇을 이야기할 것인지를 정하고 말하는 것이다. 그리고 몇 분 정도는 서로 편안한 분위기를 만들기 위해 호흡을 가다듬는다. 사람을 만나서 이야기할 때 긴장된 상태에서는 말하는 내내 원하는 말을 제대로 못해서 찜찜한 기분으로 끝을 맺고 만다.

나는 어릴 때 사람들이 얼굴만 쳐다봐도 부끄러웠던 적이 있다. 말하지 않아도 된 때와는 달리 사람들 앞에서 말을 한다는 것은 그 당시 긴장감이 컸다. 내가 학교 다닐 당시에는 책을 일어서서 읽으라고 했다. 긴장하면서 책을 읽었던 경험으로 나는 지금도 소리 내어 책을 읽으면 내용은 생각이 나지 않는다. 책을 소리 내어 읽으면 잘 기억한다는 말은 나와는 상관없는 이야기가 되었다. 사람들은 자신이 못하는 부분을 숨기려하기 때문에 자신은 괜찮은 사람이라는 전제를 두고 상대에게 이야기하는 경우가 있다. 나 또한 숨기고 싶은 것이 많았다. 어느 날 숨기는 것이 많을수록 당당해지지 못하는 것을 알았기에 숨기기보다는 표현하려고 했다. 말을 할 때 긴장을 하면서 말을 하게 되면 끝까지 긴장한 모습으로 마무리를 하게 되어서 처음부터 편안함을 가지려고 했다. 나는 나만의 경험으로 방법을 찾아갈 수 있었다.

어떤 분은 혼자 말을 하고 나서 마지막에 "다 너를 위해 하는 말인데~"라는 말을 하거나 "나도 무슨 말인지 알아, 알긴 아는데~"라며 자신의 걱정거리들을 쏟아붓는 사람들도 있다. 자신의 걱정을 쏟아내는 사람과는 어떻게 마무리를 해야 할까? 상대의 입장을 생각해본다면 꼭 하고 싶은 말인데 하지 못한 아쉬움이 남아 있겠지만 서로를 위해 마무리를 해야 한다. 사람들은 자신이 어떤 말을 자주 사용하는지 잘 모를 때가 있다. 말하는 것에 대해 긴장을 많이 하시는 분이 있었는데 자신감이 좀 약해 보이는 분이었다. 생각은 많으나 자기 생각을 잘 표현을 못 했다. 그리고 말을 할 때는 "쉽게 이야기하면"이라고 습관처럼 표현했는데 어느 날 "쉬운 말로 하자면"이라는 말로 바꾸어서 말을 하였다. 똑같은 뜻일 텐데 딱딱하던 말이 부드럽게 느껴졌다. '쉽게'라는 말은 어감이 강해서 자신의 의지가 담겨 있는 것 같고 쉬운 말은 객관적으로 말을 풀어주는 느낌이다. 이런 말은 상대를 배려하는 말일 수 있다. 또는 상대가 원하는 반응을 안 할 때 못 알아들었다고 생각해서 다시 이야기해주는 경우도 생각해볼 수 있다. 그 외에도 습관적으로 하는 말일 수도 있고 많은 사람들이 이런 말을 쓰는 데에는 이유가 있을 것이라 생각한다. 그래서 나는 물어보았다. 대부분 잘 설명해서 상대가 말을 이해하기를 바란다는 뜻으로 쓴다는 것이었다. 말을 끝낼 때는 하고 싶은 말이 남아 있더라도 마음을 비우고 정리해야 한다. 말을 끝맺을 때는 지금까지 한 말들과 관계 속에서 느낀 것들이 어떤 의미가 있는지를 포함하기 때문에 꼭 기억하기를 바라는 것은 한 번 더 강조하고 말을 끝내는 것도 좋다. 친한 관계라면 만나서 무엇이 좋았는지를 이야기하는 것으로도 긍정적인 느낌을 갖게 끝을 낸다.

만약 말하는 시간이 정해져 있다면 시간을 생각하면서 말을 해야 한다. 말할 때 시간을 생각하지 않고 말하는 분이 있었다. 말하는 입장에서는 시간이 얼마나 지나는지 모른 채 이야기를 하지만 듣는 사람의 시간은 정해져 있기 때문에 원하는 말을 끝에 하게 되면 제대로 이야기를 못하고 끝낼 수 있다. 이분은 말을 하는 것을 두려워하시는 분이었다. 그러나 말은 많았다. 두려움으로 많은 말을 쏟아내었던 것이다. 그 두려움 속에 숨겨진 감정이나 생각들은 계속 말을 겉돌게 했고 결국은 자신과 타인을 원망하게 되어 관계에 어려움을 겪고 있었다. 시간을 생각하지 않고 말을 하는 분과 이야기할 때는 미리 시간을 이야기하는 것이 서로를 위한 것이다.

"오늘 제가 20분 시간이 되네요. 우선 오늘 만나자고 하신 이유가 무엇인가요?"라고 바로 들어가야 한다. 그리고 일어날 때 "시간이 다 되어서 일어나야 하는데 우리가 한 이야기는 ~ 이네요."라고 정리한 후 바로 일어나야 한다.

마무리도 용기가 필요하다

워크숍 진행을 하다 보면 테이블토크를 하는 시간이 있는데 시간을 정해주어도 한 사람은 길게 이야기를 하는 것을 보게 된다. 그러나 말을 중단시키는 사람은 없다.

관계 단절이 두렵고 좋은 사람이라는 이야기를 듣고 싶어 하는 분을 만난 적이 있다. 그분은 사람들과 이야기할 때, 말을 중단시키지 못하고 화장실도 못 가고 참으며 말을 끝까지 듣는 사람이었다. 그분은 사람들이 자신과 말하는 것을 좋아한다고 했지만 시간이나 관계의 한계선을 두지 않았기에 어려움을 겪고 있었다. 이분은 관계에서 친밀감이 없어질까 봐 두려워하며 경계를 긋는 것이 관계에 단절을 하는 것이라 생각했다. 경계선에 대해 오해를 한 것이다. 경계선을 가지는 것이 오히려 친밀감과 존중감을 높인다는 것을 대화를 통해 알게 되었고 그 후 용기를 내서 자신의 상태나 하고 싶은 말을 하기 시작했다. 과거를 잡는 습관에서 벗어나 계속 용기를 내서 살아가리라 믿는다. 사람들은 자신이 관심 있는 말을 할 때는 시간가는 줄을 모르고 이야기할 수 있다. 좋아하는 내용일수록 자신과 타인의 시간을 고려해서 이야기하는 것이 좋은 인상을 남길 수 있다. 처음부터 시간을 이야기하지 않고 말을 했다면 10분 전이라도 말을 해야 서로 준비할 수 있다. 말을 마무리하기 전에 기억할 수 있는 한마디를 남기면서 끝을 맺는다면 인상이 또렷이 남게 된다.

말을 끝낼 때마다 "저~ 그런데~ 그리고~"라며 계속 말을 이어가려는 습관을 가진 분이 있었다. 나는 그분이 말을 질질 끌고 가려고 할 때마다 잘라주었지만 본인이 인식하고 멈추는 의지를 가지지 않으면 변할 수 없었다. 그분 스스로 의지를 가질 생각이 없었다. 결국 사람들에게 분명하지 못한 사람이란 이미지만 남겨준 것이다. 그러나 무엇보다 자신이 말끝을 흐리면 결정에 어려움이 생기고 계속 눈치를 보게 되어 불편해진다. 자신이 알고 있는 것을 실천하는 것에는 용기가 필요하다. 용기가 두려움보다 큰 힘을 가지도록 하려면 용기를 많이 사용해야만 힘이 강해지게 된다. 계속 두려움만 선택한다면 용기가 설 자리가 없게 된다. 이분은 관계를 맺고 대화를 나눈 후 헤어지는 것에 익숙해지지 못해서 마무리를 어려워하는 사람이었다. 사람은 변화하는 데 어려움이 있다. 그 어려움은 자신의 고정된 과거 습관에 살고 싶어 하는 것 때문이다. 사람들 대부분은 살아온 방식대로 살아가려 하고 살아온 방식에 맞게 상대도 맞춰주기를 바라는 것이다. 그 기대는 관계만 힘들게 할 뿐이다. 말에 끝맺음이 없으면 말을 하지 않는 것과 같은 느낌이 든다. 사람들의 말은 주제를 하나 정해놓고 하지 않기 때문에 정리가 되지 않으면 말하는 사람이나 듣는 사람 모두 기분 해소로 끝나는 데 어떤 때는 시간이 아깝다는 생각이 들기도 한다. 자신의 시간을 소중히 생각하고 만남에서 끝맺음도 깔끔하게 하는 사람으로 인식되길 바란다.

+ 상위 1%의 말하기

① 시작할 때와 끝맺을 때 시간 알려주기
② 긍정적인 말로 마무리하기

멋진 말보다
행동언어로 신뢰를 형성하라

행동으로 보여지는 신뢰

멋진 말보다 더 중요한 것은 신뢰이다. 관계에서 신뢰가 되는 말은 말의 기술을 뛰어넘는다. 신뢰는 행동으로 이어진다. 그렇기 때문에 신뢰가 되는 말은 행동언어를 가지고 있다. 사람들은 말 이외의 것들도 보고 느낀다. 앞에서 이야기한 메라비안 법칙에서처럼 말과 그 외의 것들과 일치하느냐 하지 않느냐에 따라 말의 신뢰는 달라진다. 말과 그 외의 것들이 일치하지 않을 경우 말의 영향이 7% 영향을 준다는 것을 이야기했었다. 말만 전달되는 것이 아니기 때문이다. 말과 행동이 다를 때는 행동을 믿는 경향이 있다. 말로 약속을 했는데 행동으로 지켜내지 않으면 신뢰가 떨어진다. 행동으로 보여주거나 실천하는 것이 신뢰를 형성한다. 말과 함께 일치하는 행동들을 하면 할수록 관계는 좋아지게 된다.

나는 강의가 있으면 무리해서 약속을 잡지 않는다. 앞뒤 시간을 여유 있게 잡거나 약속을 하지 않고 넉넉하게 미리 강의장에 가서 준비를 한다. 그런데 간혹 강사 중에 강의 시간에 늦는 사람을 본 적이 있다. 수강생의 입장이나 주체 측의 입장에서는 당황스러운 일이다. 공식적인 곳에서는 한 번의 실수도 신뢰에 큰 타격을 입게 된다. 수강자의 입장에서 보면 자신을 관리 못 하는 강사로 인식될 수 있다. 자신이 지금 어떤 상황인지를 인식하고 그 상황에 맞는 신뢰 행동이 무엇인지 알고 행동을 해야 한다. 자신만의 사고방식으로 신뢰를 주려고 해도 신뢰라는 것은 관계를 맺는 기초이기 때문에 기초가 형성되어 있지 않으면 그 사람이 어떤 말을 하더라도 좋은 관계를 맺는 데 시간만 더 걸릴 것이다. 신뢰를 얻기 위한 말로 어떻게 할 것인지를 명확하게 표현하면 말로 신뢰를 얻을 수 있다.

최근에 버스에서 내리자마자 비가 쏟아져 내린 일이 있었다. 우산이 없는 나는 주변에 우산 있는 사람에게 같이 쓰고 가자고 하고 길을 건넜다. 길이 달라져서 다른 분에게 뛰어가 같이 썼다. 그때 우산을 함께 씌워준 사람들은 오히려 더 도와주고 싶어 하며 도움을 준 것을 기쁘게 생각하고 있었다. 사람들은 씌워주고 싶어도 먼저 다가가기 어려워하거나 비 맞기 싫은데도 같이 쓰자고 하기 어려워서 말을 안 하는 경우가 더 많다. 나는 우산이 없는 사람이 있으면 씌워주기도 하고 얻어 쓰기도 한다. 생각보다 사람들은 도움을 주고받는 말이나 행동을 어려워하는 것을 보게 된다. 사람들을 신뢰하지 못하면 도움을 주고받는 것에도 어려워할 수 있기 때문이다.

함께 공부한 사람 중에 행동이 빠르신 분을 만난 적이 있다. 원하는 것은 주저하지 않고 말하고 바로 실천하는 사람이었다. 원하는 곳이 있다면 바로 떠났고 비용은 그 후에 생각하는 사람이었는데 어떤 문제도 잘 해결할 수 있다는 믿음이 있는 사람이었다. 말을 할 때도 동사를 많이 사용하여서 그런지 생동감이 느껴지는 사람이었다. 걱정이 많은 사람이 보기에는 대책 없다고 볼 수 있지만 오히려 약속을 잘 지키고 말한 것은 꼭 이루는 성격이었기에 말만 하는 사람과는 달리 신뢰가 되었다.

말만 하고 어떤 시도도 하지 못하는 사람을 보면 말을 들을 때도 약속을 할 때도 그렇게 신뢰가 되지 않는다. 나는 말을 할 때 꼭 하고 싶은 것이 있으면 확신 있게 말을 하는 편이다. 어느 모임에서 매년 계획을 이야기하는 기회가 있었는데 나는 조금 어렵게 느껴지는 계획에 대해서 할 것이라고 확신 있게 이야기했다. 한 분이 내 이야기에 자신마저 확신이 들었다고 한다. 나에게 느껴지는 확신이 다른 사람도 믿게 만들었던 것이다. 확신과 인정은 사람들이 자신감과 용기를 내는데 꼭 필요한 말이다. 확신을 가지고 행동하게 되면 당당해지고 자신을 신뢰하게 되면 원하는 행동으로 이어지게 된다. 결과에 대해 보여야 믿는 사람이 있듯이 보이지 않아도 믿는 사람이 있다. 더 행복하고 많은 것을 경험하고 누리기 위해서는 자기 신뢰가 먼저 되어야 한다. 자신이 하는 말도 동사로 말을 하면 용기가 더 생길 수 있다. 그리고 신뢰를 형성하는 행동언어 중 하나는 구체적인 말을 하는 것이다. 내가 행동을 할 때나 행동을 요청할 때도 구체적으로 이것저것을 하겠다고 한다거나 이것저것을 부탁한다고 말한다. 구체적인 행동을 이야기할 때 신뢰를 하는 이유는 행동언어를 사용하고 실제로 행동을 하기 때문이다. 결과와 상관없이 열심히 하려고 움직이는 성실한 사람을 보면 신뢰가 간다고 표현을 하는 이유도 눈에 행동이 보이기 때문이다.

나는 오래전에 어떤 사람으로 인해 직장도 친구도 빼앗기는 경험을 했다. 내게 남아 있는 관계는 가족밖에 없었다. 난 한동안 돈이 없어서 조용히 집에서만 지냈다. 그리고 교회를 다니는 것을 최고의 즐거움으로 느끼고 있었다. 어느 날 차비가 다 떨어져가는 것을 보며 속이 타고 있었는데 어떤 분이 내게 토큰(당시는 카드가 아닌 토큰으로 버스를 탔다.)을 한 움큼 쥐어주었다. 꼭 필요한 것이 주어진 것에 감동을 받고 순간 눈물이 났다. 너무나 고마운 순간이었다. 나의 마음이 불편하지 않게 필요한 것을 자연스럽게 전달해주는 모습이 기억난다. 그분의 행동언어를 통해 사랑이 느껴졌고 신뢰가 더 커졌다. 그리고 나의 상황을 더 터놓고 이야기할 수 있는 계기가 되기도 했다. 어떤 행동을 한다는 것은 관심이 있어야 가능하고 관심을 가지게 된다는 것은 사랑의 마음으로 본다는 것이다. 그 사랑은 행동하게 되어 있다. 말로만 사랑한다고 하면서 어떤 사랑의 행동도 하지 않는다면 사랑이라는 말을 어떻게 믿을 수 있겠는가? 행동만 앞서는 사람이 되어서도 안 되겠지만 마음과 행동이 일치되는 언어를 사용한다면 관계에서 신뢰를 얻을 수 있다.

어떤 상황에서 행동하는 사람, 지켜보는 사람, 관심 없는 사람, 그리고 모르는 척하는 사람이 있다. 이런 다양한 반응을 결정하는 것은 자신의 선택에서 비롯된다. 행동을 하지 않는 선택의 이유는 다양하다. 많은 사람들은 수많은 거짓정보와 속임을 당할 위험이 있다는 이유를 대며 자신이 행동하지 않은 것에 대해 합리화하려 한다. 사실 현대는 과다한 정보와 수많은 선택의 기회로 인해 바른 결정을 하기가 어려운 시대이다. 그러나 문제의 본질이 무엇인지 파악하고 자신이 할 수 있는 최선의 행동으로 실천할 때 신뢰를 얻을 수 있다.

행동의 외적·내적요소

사람의 모든 행동에는 2가지 심리가 작용하는데 심리학자인 프리츠 하이더는 귀인이론을 제시했다. 그 2가지 중 하나는 환경을 통제하려는 것이고, 또 하나는 주위 환경을 관성적으로 이해하려는 것이다. 이것을 충족시키기 위해 환경을 인지하는 능력과 타인이 어떻게 행동할지 예측하는 능력이 필요하다.

하이더는 사람이 잘못을 저지르는 데는 2가지 원인이 있다고 지적한다. 하나는 자신의 성격, 능력, 태도, 감정 같은 내적 요소이고, 다른 하나는 날씨 환경, 외부 압력 같은 외적 요소이다. 내적 문제인지 환경적 어려움이나 타인에 의한 것인지를 구분해서 그 부분에 대해서만 이야기하거나 접근해야 한다. 누구나 한 번쯤은 회사 내에서나 아이를 키우는 상황에서 벗어나고 싶은 순간이 있다. 그러나 벗어날 수 없는 환경일 때 그 환경이 개선되어지는 데 초점을 맞추거나 시간이 지나간다는 것을 믿는다거나 그 상황을 받아들이고 의미를 부여해서 잘 적응해나가야 하는데 벗어나고 싶다는 생각에만 초점을 맞추다 보면 현실을 바로 보기 어렵고 해결 방안을 찾을 수 없게 된다. 벗어나고 싶다는 것은 환경이 내 마음대로 되지 않는데도 환경을 통제하려는 것으로 그 문제는 곧 스트레스 요인이 된다.

관계에서도 타인이 내가 원하는 공감이나 인정 등을 해주지 않게 되면 상대를 비난하거나 떠나는 모습도 타인을 통제하기를 원하는 것이다. 무엇보다 자신을 긍정적 성장으로 이끌어 나갈 수 있는 힘을 키우는 것이 가장 우선되어야 하지 않을까? 멋지게 보이려고 하는 것에 집중하다 보면 자신의 멋진 말에 취해서 교만해질 수 있으니 조심해야 한다. 멋진 말을 구사하는 것보다 더 멋진 것은 멋진 삶을 사는 것이고, 자신이 살고 싶은 모습으로 살아가면서 행동으로 보여주는 것이 더 신뢰를 형성하게 될 것이다. 가끔 강의할 때 "강사님은 그렇게 사시나요?"라고 물어보시는 분도 있다. 자신은 그렇게 살지 않으면서 다른 사람에게는 중요한 것을 강조하는 사람들이 있어서 이런 질문을 하는 것 같다.

아인슈타인은 교육에서 중요한 3가지를 첫째도 본보기, 둘째도 본보기, 셋째도 본보기라고 했을 정도로 본을 보이는 것을 중요시했다. 예전이나 지금이나 행동과 말이 일치되는 것은 신뢰에 도움이 되고 그런 사람의 말은 따르게 된다.

※ 행동언어로 자신감 가지기

① 허리를 펴고 고개를 들고 미소를 짓는다

→ "나는 (자신이 원하는) 사람이다."라고 생각하며 그 사람처럼 느껴본다.

② 하고자 하는 것은 바로 실행한다

→ 해야 할 일이라면 핑곗거리가 올라오기 전에 바로 실행한다.

③ 자신이 없을 때는 자신 있는 포즈부터 취해본다

→ 두 팔과 가슴을 펴고 머리를 드는 자세를 취한다.

말의 속도를 달리하면
집중도와 설득에 효과가 있다

강약을 구분하는 말

내가 아는 많은 사람들은 속도감을 좋아한다. 말에서도 빨리, 많이 하려고 하기 때문에 듣는 사람은 집중하기가 어려울 때가 있다. 너무 빨라도 너무 느려도 설득이나 집중에 좋은 영향은 미칠 수 없다. 말을 빨리 하려는 사람은 생각으로 말을 어떻게 할 것인지가 정해져 있고 결과도 이미 정해져 있기에 천천히 할 이유가 없다. 사람들의 말을 들을 여유가 별로 없다. 상대가 듣기에는 경쟁하듯 빨리 처리하려고 하는 것처럼 보이기도 한다. 또 어떤 사람은 말을 천천히 하면 잘 들을 것이라고 생각한다. 그럴 때도 있지만 너무 천천히 하게 되면 생동감이 떨어질 수 있다.

천천히 하더라도 강약을 조절한다면 지루함은 덜할 것이다. 말의 속도는 내용에 따라 달라지고 톤도 달라진다. 그렇기 때문에 자신의 숨은 의도가 말의 빠르기에서도 살짝 드러나게 된다.

어떤 분을 만나서 대화를 하는데 그분은 말을 하면서 목소리 톤과 손짓을 강하게 하셔서 듣기 힘든 경우가 있었다. 그분은 어릴 때부터 자신의 말이 무시되었다고 하였다. 이분은 드러내기 좋아하는 성향인데 여러 차례 무시당한다는 생각으로 자신을 더 크게 드러내기 위해 소리를 크게 내기 시작했고 상대가 자신의 말을 들을 때까지 이야기했다고 한다. 그리고 최대한 강조하다 보니 손짓도 커지기 시작했고 사람들은 어쩔 수 없이 빨리 받아치고 넘어간 것이다. 자신을 드러내기 좋아하는 이분은 어떤 방식이든 드러내야 하기 때문에 확실하게 전달하기 위해 노력했다. 그러나 그 방법이 관계에서도 도움이 되지 못했고 집중에 방해가 되는 방식이었다는 것을 몰랐던 것이다. 그분은 억울한 기억만큼 자신을 드러내기 위해 말을 빨리했다.

말을 똑같은 톤으로 강하게 전달이 되면 상대는 빠르게 피곤해지고 집중이 떨어진다. 어떤 모임을 끝내고 3명이 남아 이야기하는데 3명 중 한 분의 소리가 커지고 다른 분도 그에 못지않게 커지고 있었다. 말의 속도도 같이 빨라져서 나는 앉아 있을 수가 없었다. 그래서 조금만 소리를 낮추라고 부탁을 했지만 또 다시 높아지는 것을 보았다. 카페에서 조용히 시켰지만 기차역에 가서 소리라도 지르고 오라고 하고 싶을 정도였다. 이렇게 사람들은 가끔 소리를 지르고 싶을 만큼 답답할 때가 있을 것이다. 그러나 자신이 긴장하거나 화가 나 있는 상태에서는 어떤 설득이나 집중을 시킬 수 없다. 어떤 분은 화를 내야 아이들이 집중을 한다고 하지만 아이들은 그 말에 집중하는 것이 아니라 벗어나기 위해 일시적으로 집중하는 것뿐이다. 그래서 화를 내면서 말을 하는 것이 안 통하는데도 화의 강도만 높일 뿐 제대로 된 방법을 찾지 않는다. 말의 빠르기는 어떤가? 긴장하면 말이 빨라지거나 느려지는 분들이 있다. 말이 빨랐던 한 분은 자신의 일이 중요한 만큼 긴장을 했기 때문에 말이 빨라지고 있다는 것을 자신은 알 수가 없었다. 그럴 때 사람들은 말을 알아들을 수도 없었고, 반응하기도 힘들어했다.

긴장으로 인해 말이 빨라지면 상대방을 설득하는 데 실패할 확률이 크다. 왜냐하면 설득은 신뢰가 있어야 하는데 상대방은 감정을 느끼기 때문에 집중도 잘 안되지만 무엇보다 신뢰가 떨어질 수 있다. 그분의 긴장감은 회복이 되었지만 사람들이 각자 어떤 상처를 받았고 그 상처가 어떤 영향을 미치는지를 모른 채 지식이나 방법을 강요해서는 안 된다. 개인적인 만남과는 달리 목적이 있는 만남의 경우 첫 만남에서는 빠른 속도로 친밀감과 신뢰를 형성해야 한다. 첫 이미지와 함께 말을 어떻게 하느냐에 따라 말을 듣는 태도가 달라지기 때문이다. 사람의 특성에 따라 친밀감을 다르게 해야겠지만 상대방과 관련된 이야기를 할수록 빠르게 집중시킬 수 있고 설득이 필요할 때 잘 듣게 된다. 가장 빠른 설득을 위해 알기 쉬운 말의 전달도 중요하다. 말이 어렵다고 느끼는 순간 사람들은 집중을 하지 않는다. 지루해지고 빨리 끝내고 싶어 한다. 어려운 용어를 사용하면서 빠른 속도로 말을 하게 되면 이해도 못한 채 녹초가 되고 만다.

핵심 없이 늘어지는 말

집중과 설득이 잘 안되는 경우 중 하나는 길게 늘어지는 말들을 할 때이다. 길게 늘어지면서 천천히 말하고 정리가 안될 때는 집중도도 떨어지고 상대방을 설득 시킬 수 없다. 어떤 사람을 만나면 시종일관 자기 영업을 하느라 바쁘게 자기 일에 대해 설명을 늘어놓는다. 상대가 필요한 부분이 아닌 상황이라면 형식적인 대답만 할 뿐 시간이 아깝다는 생각마저 들게 된다.

말을 전달할 때는 신뢰가 형성된 후 핵심 내용을 바로 이야기하는 것이 좋다. 그때 너무 느리게 말을 하기보다 무겁지도 가볍지도 않게 조금 경쾌한 속도로 맞추어서 이야기를 하는 것이 긍정적 긴장감을 가져오고 듣기에 좋다. 사람들과 이야기할 때 중요한 것 중 하나는 논쟁을 하려는 마음을 비워야 한다는 것이다. 아무리 난감한 상황이어도 협력해서 방법을 찾아가는 것이 필요하지, 논쟁으로 말을 이기는 것이 중요한 것은 아니다. 사람들은 중요한 것에 에너지를 쓰기보다 사소한 것에 에너지를 쓰게 되면 중요한 말을 할 때 에너지가 소진될 수 있다. 말을 할 때도 중요한 말에 포인트를 주어야 하고 사소한 일상의 말을 줄이는 것이 서로의 관계를 더욱 단단하게 할 수 있다.

뉴스를 진행하는 아나운서의 동영상들을 보게 되면 말을 정확하게 하는데 속도가 그렇게 느리지 않다. 따라 해보면 평소에 하는 말보다 더 빠른 느낌을 받는다. 그래서 귀에 쏙쏙 들어오고 생동감이 넘친다. 하지만 정확하지 않은 발음으로 속도가 빠르다면 알아듣지 못한다. 그렇다고 평소에도 일일이 속도를 생각하면서 말을 하기는 쉽지 않다. 평소에 자신의 말하는 속도에 맞춰서 하되 중요한 것에 말을 천천히 한다는 생각으로 연습을 하면 도움이 될 것이다. 그렇게 연습을 하게 되면 스스로도 무엇이 중요한 말이고 전달할 부분이 어떤 것인지를 다시 확인할 수 있는 기회가 된다. 우리의 사소한 말의 빠르기조차 말의 집중에 영향을 미치는 것은 알고는 있지만 생활을 하다 보면 실천하기가 쉽지 않다. 어떤 분은 말을 흘리듯이 빠르게 말을 하고 휙 지나가는 경우도 보았다. 무슨 말을 하는 건지, 부탁을 하는 것 같기도 하고 혼잣말 같기도 한 그 모습은 수정해야 할 부분이다. 이런 일상에서 하는 말의 속도와 태도가 중요하게 영향을 미치기 때문에 평소에 주변 사람들과 말하는 자신의 모습을 잘 관찰하고 변화를 시도해보길 바란다.

사람들은 말하는 사람의 속도에 따라 듣기 때문에 속도 조절이 중요하다. 듣는 사람의 입장에서 속도를 맞춰야 들을 때 편안하게 들을 수 있다. 속도 조절이 잘 안되는 경우에 핵심적인 말도 사람들이 못 듣고 지나칠 수 있기 때문에 속도를 의식하고 분명한 발음으로 이야기하는 연습이 필요하다. 말을 흐리게 하면서 빠르게 하다 보면 흘려듣게 되고 집중이 흐려져서 설득이 안 된다. 자신만의 속도를 확인해보자.

+ 상위 1%의 말하기

① 말의 속도는 나의 속도가 아닌 상대의 속도에 맞춘다.
② 발표를 할 때의 속도는 너무 빠르지도 느리지도 않게 한다.

4

거절하는 기술을 알아야
상처받지 않는다

아픈 경험에서 비롯된 거절의 어려움

"친정에 가기 싫은데 또 나를 불러요. 엄마 얼굴도 보기 싫어요.."아무리 일을 해도 수고했다는 말 한마디 못 듣고 모든 시간과 돈을 빼앗으려고만 해요. 그리고는 나를 사랑해서 같이 있고 싶어서 일을 시키는 거라고 해요!" B씨는 친정식구들이 자신의 모든 것을 통제하려고 해서 숨이 막힌다고 한다. 그녀는 친정 식구들의 요구를 따르기 어려울 때도 거절하지 못하고 무리를 하면서까지 요구대로 행동해왔던 것이다. 이런 일들이 쌓이면서 자신이 통제받는다는 생각을 하게 되었고, 친정 식구들과 거리를 두고 싶은 마음까지 생기게 된 것이다.

B씨의 경우처럼 자신이 상대방의 요구를 들어주기 힘든 상황에서 조차 제대로 거절하지 못하고 무리해서 상대의 요구를 들어주는 일들로 인해 서로의 관계가 어려워지는 경우가 있다. 하지만 효과적인 거절을 할 수 있다면 서로의 감정을 상하지 않으면서 좋은 관계를 유지할 수 있다. 효과적인 거절을 할 수 있으려면 거절에 대해 잘 이해할 필요가 있다.

거절은 내가 들어주기 어려워서 거절하는 것, 나를 보호하기 위해 거절하는 것, 다른 사람을 위해 거절하는 것, 그리고 양쪽 모두를 위해 거절하는 것이 있다. 상대를 위한 거절이라면 상대방은 그 진심을 알게 될 것이고, 알지 못하더라도 상대가 결국은 자신의 진심을 알게 될 거라는 믿음이 있기에 거절하는 사람의 마음이 편안할 수 있다. 반면 나의 상황이나 사정 때문에 거절하게 되는 경우, 그 이유를 상대에게 설명하는 것이 불편할 수가 있다. 그러한 불편한 마음 때문에 많은 사람들은 거절을 어려워한다.

그런데 거절을 어려워 하는 원인에 대해 좀 더 들여다 보면 많은 경우가 거절에 대한 상처로 인해서이다. 어릴 때 부모가 설명 없이 단호하게 거절하거나 강압적으로 거절하는 방법만 사용했던 경험들로 인해 상처를 받는 경우가 많다. 거절하는 이유에 대해 설명이 필요 없거나 설명을 하면 안 되는 경우도 있지만, 설명이 필요한 경우가 많은데 이 때 부모가 설명 없이 단호하게 거절하게 되면 아이에게 상처가 된다. 부드럽게 거절해도 아이 입장에서 부모는 신과 같은 큰 존재로 느껴지기 때문에 거절은 상실감과 좌절감을 가져다 줄 수 있다. 또한 어린아이들은 대체로 문제와 존재를 동일하게 생각하기 때문에 거절을 받게 되면 자신의 존재를 거부 당했다고 생각할 수 있다. 단순한 요구사항에 대한 거절이 아닌 자신의 존재에 대한 거절을 받았다는 생각은 아이에게 고스란히 상처로 남게 된다.

어떤 여자 분은 남자들 틈에서 차별을 받고 모든 집안일을 하며 자랐고, 커서는 경제적인 부분도 책임지는 역할을 했다고 한다. 그분은 결혼한 후에도 하녀처럼 일을 해주러 친정에 자주 갔고, 그렇게 하는 형제는 자기 뿐이었다고 한다. 그분의 마음은 피해의식과 비교의식으로 인해 많이 힘든 상태였고, 그러면서도 부모님의 요구들을 거부할 수 없어서 지쳐가고 있었다.

어떤 남자 분은 어릴 때부터 남자이기에 가족들로부터 특별대우를 받고 자랐다고 했다. 이런 특별대우는 그분에게 좋은 기억보다는 오히려 문제를 안겨주었다고 한다. 자신은 항상 대접 받기 때문에 누나와 여동생들에게 늘 미안했고 죄책감까지 들었다는 것이다. 이 때문에 늘 누나와 여동생을 챙겨주느라 정작 자신은 돌보지 못했다고 한다. 그러면서 거절도 못 하는 사람이 되었다고 한다. 우리는 흔히 특별대우를 받으면 좋을 것이라고 생각하기 쉬운데 이 분의 경우와 같이 특별대우를 받는 것이 오히려 문제가 될 수 있다. 특별대우 받는 것을 당연하다고 여기는 사람도 있지만 죄책감을 느끼는 사람도 있다.

차별대우를 받은 분이나 특별대우를 받은 분 모두 어려움을 겪은 사례를 통해 알 수 있듯 차별과 비교는 어떤 형태로든 문제를 야기시키고 사람을 비참하게 만든다. 여기서는 차별의 문제를 해결하자고 하는 것은 아니고, 차별의 경험 속에서 비롯된 죄책감 때문에 다른 사람의 요구에 거절도 못하는 사람이 될 수 있다는 것이다. 이들의 경우 자신과 가족 모두를 위해 거절하는 이유와 자신을 지키고 사는 것이 어떤 것인지, 가족들에게 어떻게 대처할 것인지에 대해 코칭을 하였다. 그 출발은 죄책감을 해결하는 것이었고, 나아가 당당하게 거절할 수 있도록 도와주는 것이었다.

서로를 위해 필요한 거절

나도 한때 거절을 못 해 고생한 적이 있다. 나와 몇 주를 함께 지낸 분이 부탁하는 것은 내가 할 수 있는 것이기에 어느 정도 들어주었다. 그런데 나중에는 고마운 마음조차 전혀 갖지 않고 오히려 더 요구하는 것을 보면서 기쁘게 도와줬던 것도 아깝다는 생각이 들 정도였다. 그분이 내가 도와줄 수 있는 이상으로 여러 가지 부탁을 했을 때, 거절이 그 분과 나 모두에게 도움이 된다는 것을 알았다면 좋았을 텐데, 지나고 나서야 새롭게 배운 것이다. 보통 거절할 때 거절하는 이유를 설명할 필요가 있고, 어떤 거절은 대안도 하나쯤은 생각해서 거절해야 할 때가 있다. 거절에 따라 다르므로 지혜가 필요하다. 서로를 생각하는 거절의 표현을 잘할 수 있도록 연습이 필요하다. 거절에 대한 긍정적인 해석과 함께 당당한 거절을 시도해야 상대의 거절에도 긍정적으로 받아들이게 된다.

어떤 분은 가족에게 거절하면 관계가 깨어질까봐 두려워했다. 가족 이외의 사람들에게는 거절을 잘하는데 가족에게는 거절을 못 하는 것이었다. 이분은 버려질까 봐 두려웠던 어린 시절의 경험이 가족에 대한 애착으로 이어졌고, 부모에 대한 무조건적 순종으로 불안을 대처했다. 가족이 원하는 것은 모든 것을 해야 했고, 부모도 이분도 서로에 대한 거절은 있을 수 없는 일이었다. 이런 관계는 이분이 결혼을 하고 나서도 지속됐기 때문에 부부간에 문제가 발생했다. 부부끼리 여행을 가려고 해도 부모님이 함께 가려 하고, 함께 못 갈 상황이 되면 다른 가족행사 일정을 잡아 부부여행을 못 가도록 하기도 했던 것이다. 부모 입장에서 아들이 새로운 가정을 만드는 것을 보는 것이 많이 힘들었던 것이다. 아들은 새로운 가정을 만들어야 하는데, 양쪽에서 심리적인 압박을 받는 중에 혼란에 빠진 것이다. 이분은 경계선을 건강하게 세우고 부부체계를 잘 만들어가는 것이 필요했다. 그러기 위해 가족 모두의 참여가 필요했고, 가족 모두의 행복을 위한 과정이라는 확신을 가지면서 적극적인 변화를 시도해야 했다. 특히 당당하게 거절을 하고 그것을 수용하는 노력이 필요했다.

코칭을 하다 보면 코칭 고객을 소개받게 되는데 소개받은 어떤 분에게 코칭을 거절했던 적이 있다. 그분은 나에게 1시간 코칭을 받아보고 계속 받고 싶다고 하셨는데, 일정을 잡으려고 확인을 해보니 그분은 이미 상담도 받고 있고 여러 가지 심리수업을 듣고 있었다. 그래서 나는 그분을 위해서 하고 있는 것부터 마무리하고 필요할 때 연락을 하면 좋겠다며 정중히 거절했다. 그분이 충동적으로 여러 가지 교육을 받고 있는 것 같았지만 하나하나 배워나가길 바라는 마음을 잘 전달해주었다. 나중에 그분이 소개해준 분께 나의 거절에 감동을 받았다는 말을 전해 들었다.

거절이 관계를 끊는 것이 아님에도 생각을 바꾸는 것이 쉽지는 않다. 거절의 상처나 두려움에서 벗어나야 하고, 거절이 그 사람 자체를 거절하는 것이 아니라는 것을 받아들일 수 있어야 한다. 거절을 받을 때 '나를 싫어하나?'라고 생각할 수 있다. 그러나 거절하는 사람이나 받는 사람이나 문제와 존재를 분리해서 받아들일 수 있어야 한다.

나와 다른 사람과의 관계에는 경계선이 있다. 이 경계선은 서로의 관계를 단절시키고 멀리하는 것이 아니라 서로를 존중하고 지키기 위해 최소한의 거리를 유지하고 구분하도록 하는 것이다. 자신의 자유가 중요한 만큼 타인의 자유도 중요한데 자신의 뜻대로 움직이기를 바라기 때문에 경계선을 침범한다. 때론 관심을 가진다고 하면서 경계선을 침범하는 경우도 있다. 처음에는 침범하지 못하도록 하는 것에 일부 죄책감을 느끼기도 하는데 어떻게 표현하느냐에 따라 달라진다. 관계의 불편함을 두려워해서 침범을 허락하는 사람도 있다. 그러나 그렇게 한다고 좋은 관계가 되는 것은 아니다. 오히려 그런 것으로 인해 숨 막히는 관계가 반복될 뿐이다.

존재와 문제의 분리는 중요하다. 존재는 소중하지만 문제는 해결해야 한다. 거절도 좋은 관계를 형성할 수 있는 기회가 될 수 있다. 거절은 사람을 거절하는 것이 아니라 어떤 한 부분의 행동에 대한 거절이다. 거절하는 사람이 그 부분을 확실히 인식해야 거절에 당당할 수 있다. 그리고 거절에 대해 긍정적인 시각을 가져야 상대방의 거절에도 상처받지 않을 수 있다. 거절에 대해 긍정적인 관점으로 해석하고 나와 상대를 위한다는 마음이 전해지는 거절을 연습해서 자유로운 표현들을 할 수 있기를 바란다. 더 나아가 자신이 싫어하는 사람에게 거절할 경우라도 어떤 부분을 거절하는 것인지에 대해 구체적으로 이야기하며 거절할 수 있기를 바란다.

거절도 자신에게 먼저 솔직해져야 한다. 누군가 내게 부탁을 할 때 '내가 가능한 일인가, 불가능한 일인가?'를 확인하고, '기쁜 마음으로 할 수 있는가?'라는 질문에 그렇다고 할 수 있다면 거절 할 필요가 없지만, 보이기 위해 희생하면서 해야 하는 것이라면 거절을 할 줄 알아야 한다. 그리고 서로에게 도움이 되지 않은 일도 거절해야 한다. 가족 내에서 익숙해진 패턴으로 거절을 못하고 감정에 휩싸이는 것이 아니라 용기 내서 표현하는 연습을 해야 한다.

+ 상위 1% 말하기

① 거절은 나와 상대를 위한 것이다
→ 거절과 함께 대안을 제시해본다.
② 존재와 거절의 문제를 다르게 보아야 한다
→ 부드럽지만 구체적이고 분명하게 거절한다.

5

핵심을 파악하기 위해
질문을 사용하라

정답보다 질문하기

사람들은 답을 원하고 답을 해주기를 좋아한다. 하지만 질문하는 사람
은 그리 많지 않다. 대화 시 질문은 상대방의 말을 듣기 위한 것이다. 질
문의 수준은 생각의 수준을 결정한다. 단계에 맞게 올바른 질문을 할 수
있다면 말을 들으며 핵심적인 부분을 질문할 수 있다.

나는 코칭을 10년 넘게 하면서 다양한 질문을 접하고 만들어보았다.
질문을 통해 상대가 원하는 것이 무엇인지 파악하고 변화에 대한 동기가
어떤 것인지, 변화를 위한 의지도 질문할 수 있어야 한다. 질문하는 사람

은 자신의 질문을 점검할 때 상대의 의식을 확장시키는 질문인지를 확인하고 질문을 해야 한다. 사람들은 변화를 원하지만 한편으론 원하지 않기도 한다. 그래서 변화하지 않으려고 하는 사람에게도 물어보는 것은 "변화를 하지 않으면 무엇을 얻게 되는가?"라고 물어보는 것이다. 행동을 하지 않는 이유 중에 머물면서 얻게 되는 다양한 이유가 있기 때문이다. 그것이 방해 요소인지 변화 후 얻는 것보다 더 중요한 것인지를 점검하는 것이다. 나는 내가 뭔가를 선택할 때 '정말 내가 원하는 것인가?'를 스스로에게 질문하게 된다.

앞서 이야기한 내용 중 내가 새벽에 넘어졌을 때의 이야기로 돌아가서 질문에 대해 생각해보자. 사람들은 도와주는 것을 좋아하면서도 순간 꺼린다. 왜 다가오지 못했을까? 다가와서 보기라도 하고 적절한 반응을 할 수 있었을 텐데, 그냥 본 척도 안 하고 말만 하고 간 것을 생각하면 괜찮냐고 물어보는 것 자체에는 따뜻한 인간미가 있어서 감사했다. 그러나 바로 그분은 '내가 가봐야 하나?'라고 스스로 질문했을 것이다. 만약 다가와서 도움이 필요한지 본다면 어땠을까? 상대방 입장에서 볼 수 있는 사람은 돕는 행동을 좀 더 쉽게 할 수 있다.

나는 이 부분에 대해 다른 사람들은 어떻게 행동할까 궁금해서 모임에서 이야기를 한 적 있는데 공통적인 반응은 '요즘은 잘못 도와주었다가 불이익을 당할까 봐 두려워서 그렇다.'는 것과 '여성은 도와주기 무섭다.'는 반응이었다. 이런 말을 한 사람들은 '내가 도와주면 어떻게 될까?'라는 질문을 순간적으로 했을 것이고, '내가 도와주지 않으면 상대방은 어떨까?'라는 질문을 하는 사람들은 다가가서 "도와줄 것이 있나요?"라고 말을 할 것이라는 생각을 했다. '나는 어땠을까?'를 생각해보니 나 역시 두려움으로 인해 사람들의 어려움을 모른 척했던 것들이 기억났다.

예전에는 지하철 안에 돈 바구니를 들고 다니는 분들이 있었다. 내가 아는 분은 항상 그들을 위해 주머니에 현금을 넣어 다닌다고 했다. 하지만 어떤 분은 그 사람들의 실체에 대해 이야기를 하며 도와주면 안 된다고 했다. 나는 어떤 행동이든 자신의 가치기준에 따라 살아가는 사람이라면 눈치보지 말고 중요하다고 생각하는 가치대로 살아야 한다고 생각한다. 좋은 의도로 하는 일에 맞다 틀리다고 판단하며 서로를 비난할 필요는 없는 것 같다. 모든 선한 일에서도 질문들을 하며 말하고 행동한다. 사람들은 자신의 기준대로 판단하고 행동하는데 행동 이전에 자신도 인식하지 못하는 수많은 질문을 하고 있다. 부정적인 생각을 하는 사람은 부정적인 답을 할 것이고, 긍정적인 생각을 하는 사람은 긍정적인 답을 할 것이다. 나는 상처받지 않기 위해 말을 하지 않다가 말을 하기 시작했던 계기도 스스로 한 질문 때문이었다. '말을 계속하지 않으면 재미도 없고 불편한데 이렇게 살 필요가 있을까?'란 단순한 질문이었다. 말을 안

할 이유가 없었다. 나는 상처를 주는 말을 잘 못하고 상처를 받아도 잘 이겨낼 수 있는 힘이 있다는 것을 확신했기 때문에 오히려 상처받은 사람을 위로해주는 말을 해야겠다는 생각을 했다. 자신에게 하는 질문들을 긍정적으로 바꾸는 연습을 하다 보면 문제가 생겼을 때 해결 방법을 쉽게 찾게 된다. 그런 연습을 통해 나는 나를 도울 뿐 아니라 코칭할 때 어렵지 않게 핵심을 물어보는 질문을 할 수 있게 되었다.

　순간순간 나는 나 스스로에게 하는 질문을 통해 많이 성장했고 어려움을 이겨냈다. 그중 내가 하루를 최상으로 살기로 결심한 것도 질문에서 비롯됐다. 나는 집에서 쉬면서 질문을 했다. '나는 나를 정말 사랑하는 걸까? 사랑한다면 무엇을 훈련해야 할까? 내가 이 세상을 살아가야 하는 이유가 뭘까?' 삶은 고통이라고 하는데 고통이 고통으로 느껴지지 않은 순간들이 더 많았다. 그 이유를 생각했다. 순식간에 여러 질문이 쏟아졌다. 나는 바로 답을 얻었고 나를 위해 할 수 있는 것을 실천하기로 했다. 가장 하고 싶었던 것은 책을 읽는 것이었고 며칠 굶은 사람이 밥 먹듯 몇 주 동안 책을 허겁지겁 읽기 시작했다. 그리고 나를 위해 새벽 운동과 삶에 대한 감사를 고백하기 위해 새벽에 동네 교회를 가는 것을 실천하기로 했다. 그리고 매일 아침일기를 쓰기 시작했다. 새벽에 몸과 마음과 영혼을 깨우고 싶었다. 이 모든 것은 예전에도 다 경험했던 것들이라 별로 어렵거나 힘들지는 않았지만 한 가지 고민은 중간에 포기하지 않고 할 수 있는 동기가 확실해야 한다는 것이었다. 어떤 유혹에도 흔들리지 않을 확실한 동기 부여를 위해 어떻게 할지를 며칠 동안 고민했다. 그리고 나만의 해답을 얻었고 꾸준히 지속할 수 있는 힘을 얻고 전혀 힘들지 않게 즐기며 하루하루를 보내게 되었다.

어떤 문제든 자신이 하는 질문에 가장 큰 영향을 받게 된다. 사람들에게 질문 받은 것은 좋은 것들이 많았을지라도 제대로 실천하지 못했지만 스스로에게 질문한 것은 실천력이 강함을 개인적으로 느낀다. 어렸을 때부터 고민했던 자신을 속이지 않고 솔직해지는 것 그리고 스스로 긍정적인 질문을 하는 것이 나를 계속 성장시키고 있다. 모든 문제의 핵심은 경청을 통해 각자 살아온 스토리를 알게 되고 좋은 질문을 할 수 있게 된다. 그렇기에 스토리를 가장 확실하게 아는 자신에게 먼저 질문을 해보면 좋겠다.

관심이 있어야 질문이 가능하다

한 번은 가족을 중요하게 생각하는 어떤 분이 자신은 가족 모임을 중요하게 생각하기 때문에 카톡방에 매일 서로 인사하고 소통하자고 가족 카톡방을 만들었다고 했다. 그 방에는 결혼한 자녀들과 며느리들, 손자들까지도 포함되어 있었다고 한다. 결혼을 시켰음에도 자신이 원하는 가족을 만들기 위해 그렇게 한 것이다. 그런데 한 손자가 반응을 잘 안 한다고 며느리가 잘못 키웠다며 화를 냈다. 그리고 이상한 며느리가 아들을 망친다고 하며 '이상한 여자'라는 표현을 썼다. 손자를 욕하기는 싫었나 보다. 시어머니 입장에서 좋은 의도로 시작한 것에 한 명이라도 협조를 안 하면 자신을 거부하는 것으로 받아들인 것이다. 그리고 아들과 손자를 보호하며 며느리에게 화살을 돌렸다. 나는 이분이 문제에서 빠져나오기를 바라며 가볍게 질문 몇 개를 할 수밖에 없었다. 그분의 경직된 마음은 공감이 필요했고 차가운 마음은 따뜻한 말로 마음을 녹여야 했다. 카톡방을 만든 중요한 이유가 무엇이었는지 질문을 했다. 그리고 그 의미를 찾기 위해 가족 모임을 왜 중요하게 여기는지, 다른 가족들도 모두 그렇게 생각하는지, 가족이 함께 하기 위해 할 수 있는 방법이 카톡방 외에 어떤 것이 있는지 등을 물어보았다. 그분은 대화 중에 자신이 원하는 대로 따라주지 않는 것 하나에 꽂혀서 중요한 관계를 다 망치려고 하고 있다는 것을 알게 되었다. 간단하게 차근차근 그분에게 맞춰 질문을 해나가는 동안 그분은 가장 중요하다고 생각하는 것들을 다시 생각하고 지켜나가는 방법들을 생각해낼 수 있었다.

사람들은 자신에게 습관적으로 하는 부정적 질문에 휩쓸려 자신만의 방법에만 집중하다가 원하는 목적을 상실하는 경우도 있다. 좋은 질문은 좋은 답을 얻게 한다. 질문뿐만 아니라 대답하는 방법도 중요하다. 우리는 대답할 때 정답을 모르면 답을 하기를 두려워한다. 그것은 자신이 확신하는 것에 대해서만 정답이라고 생각하기 때문이다. 그런 확신을 가지게 되면 다른 사람의 의견은 들어볼 수도 질문할 수도 없다. 질문을 하더라도 동의하도록 하는 유도질문을 하게 된다.

 질문을 하기 전에 상대가 무엇을 말하고 싶은지를 관심을 가지고 경청할 때 상대는 마음을 열게 되고 핵심적인 질문에 자신을 솔직하게 들여다볼 수 있게 된다. 좋은 태도를 가지도록 편하게 대답할 수 있는 질문을 한 후에 핵심적인 질문을 해야 거부 반응이 적다. 마음이 편하지 않거나 친밀감이 없는 상태에서 갑자기 꿈이 뭔지, 어떤 사람이 되고 싶은지 등등 무거운 질문을 하게 되면 경계선을 침범당하는 것 같은 느낌이 들고 마음 상태에 따라 거부 반응이 일어날 수 있다. 부정적인 상태에 있는 사람은 마음속으로 '왜 내가 당신에게 이런 대답을 해야 해?'라는 반발심이 올라올 수도 있다. 마음이 열리는 질문을 해야 상대도 편안하게 답을 할 수 있다. 그리고 긍정적인 생각으로 자연스럽게 이끌 수 있다. 관계가 어떤 가에 따라 질문도 달라져야겠지만 답을 할 때도 질문에 대해 '왜 이런 질문에 대답해야 해?'가 아닌 '이분은 내게 어떤 부분을 알기를 원하는 걸까?'라는 생각으로 답을 한다면 자신을 위해 좀 더 나은 대답을 할 수 있을 것이다. 자신만의 답을 잘 찾기 위해서도 스스로 하는 질문들을 긍정적으로 바꾸는 연습이 필요하다.

① 가벼운 질문으로 시작해서 말문을 연다

② 충분히 공감하고 이해한 후 핵심 질문을 한다

6

말을 유창하게 해야 한다는
강박에서 벗어나라

말의 보폭을 맞추는 것

"선생님! 전 아무리 생각해도 안 되겠어요. 잘하는 것 같다가도 안 돼요!!"

처음 관계를 맺을 때는 사람들과 잘 지내다가 시간이 어느 정도 지나 편한 관계가 되면 주변 사람들을 힘들게 하는 사람이 있었다. 말하는 기술은 다양하게 많이 배웠다. 그러나 적용을 하는 데 한계가 드러난 것이다. 가족 간에도 과하게 감정적이 되어서 가족들도 멀리하기 시작했던 것이다. 자신의 문제가 무엇인지를 알고 싶어 상담도 많이 받았지만 변화는 없었다고 한다. 나는 이분의 스토리를 들으며 말하는 패턴을 먼저 파악해보았다. 자신이 왜 그런지 알기는 하지만 변하지 않는 자신이 답답하다고 하였다. 또 이런 자신을 이해해주지 못하는 주변 사람들도 다 싫어진다고 하였다. 이분은 기술을 적용하기만 하면 관계가 좋아질 것이라고 생각했는데 상대방은 그대로이고 자신만 힘겹게 노력하는 것 같아서 억울하고 화가 난다는 것이다. 그래서 포기했다가 다시 새로운 것을 배워 시도하다가 포기하기를 반복하다 보니 신뢰도 떨어지게 된 것이다. 사람들은 자신이 변하려는 것을 보면 상대도 변하겠지 하는 기대를 은근히 하게 된다. 그 기대를 가지고 무언가를 시도하다 보면 계속 실망하게 된다.

여행을 가더라도 걸음의 보폭이 맞아야 함께 여행하는 재미가 있는데 한 사람은 미리 가 있고 한 사람은 가던 대로 천천히 가고 있는 것과 같다. 먼저 간 사람은 따라 오지 못하는 사람을 보고 여유 있게 기다리기보다 다시 돌아가서 끌고 오려고 하거나 자신이 있는 곳에 빨리 오기를 재촉하거나 한다. 말을 하는 것도 마찬가지다. 내가 알고 이해하고 있는 것은 다른 사람들도 안다고 생각하면 설명이 없어지고 듣는 사람이 이해를 못하더라도 그냥 넘어가는 경우가 있어서 오해를 가져온다. 또 반대의 경우는 상대가 아무것도 모를 것이란 생각으로 온갖 설명을 하게 된다. 아무리 지식을 나열하고 유창하게 말을 해도 상대에 따라 무시당하는 느낌이 들 수 있고 하고 싶은 말을 할 수 없게 되는 상황이 생기게 된다. 말의 속도 뿐만 아니라 말하는 사람의 비언어적 요소에 대해서도 듣는 사람이 잘 이해할 수 있게 해야 한다.

그래서 스피치 전문가에게 목소리 톤과 억양, 몸짓의 언어를 배우고 활용하고 있는 분들도 있다. 그래야 확실한 전달과 설득에 도움이 되기 때문이다.

나 또한 유창하게 말을 하고 싶었다. 한때 목소리와 표정, 어조 등을 아나운서 출신인 분들 중 몇 명에게 배웠다. 그때 가르치시는 분 중에 한 분과 개인적으로 만나면서 안타까운 개인 이야기도 많이 듣게 되었다. 말을 잘하기는 하지만 내면은 그렇지 못했다. 너무 힘들어도 털어놓을 곳이 없고 늘 경쟁적인 자신에 대해 많이 지쳐 있었다. 겉으로 보이는 모습만 신경을 쓰고 살기 바빴기에 내면의 불안은 볼 자신이 없었던 것이다. 말은 여유 있고 속도감이 좋았지만 마음은 늘 쫓기고 있었고 조급했다. 겉으로 보이는 것이 다는 아니듯이 마음은 불안으로 가득했다. 이분은 남편이 무섭다고 하였다. 자신의 존재는 한없이 작아지는 느낌이 든다고도 하였다. 그리고 아이처럼 남편이 달래주기만을 기다리며 우는 습관을 가지고 있었다. 그렇게 지내다가 어느덧 남편은 일에 지치고 아내의 어리광에도 지쳐만 갔다. 남편이 받아주기만 하다 보니 아내는 남편의 입장은 이해를 못 했고, 자신도 모르게 남편을 조정하려고 하였다고 한다. 이분은 자신의 유창한 말로 남편과의 문제 상황을 매번 넘어갔지만 한 번은 남편이 받아주지 않고 갑작스럽게 화를 낸 적이 있어서 그때부터 주눅들기 시작했다고 하였다. 말로는 무엇이든 할 수 있다고 믿었는데 유창한 말도 소용없다는 것을 경험하면서 어찌할 바를 몰라 했다.

우선 그녀가 느끼는 소리에 대한 긴장감의 근본적인 이유를 찾아보았다. 그 긴장감은 큰 소리만 나면 온몸이 굳어지는 것이었다. 그녀가 어릴 적 영어웅변대회에 참가하기 위해 연습을 했는데, 틀릴 때마다 선생님은 소리를 쳤다고 했다. 어른들의 기대에 맞추어 말을 유창하게 해야 한다는 강박이 생기기 시작하면서 말을 늘 조심했고, 누구보다 말을 잘한다는 소리를 듣기 위해 아나운서의 꿈을 가지게 되었다고 한다. 그 꿈을 이룬 후 일에 대한 의미를 잃어버리고 쉬고 있는 중이었다. 사람들의 꿈은 자신을 위한 것이지만 꿈을 가질 때 긍정적인 영향을 받을 수도, 부정적인 영향을 받을 수도 있다.

내가 아는 또 한 사람은 자신의 상처를 극복하기 위해 성공을 했지만 자신처럼 힘들어하는 사람을 위해 복지관을 건립해서 사람들을 돕는 것이 꿈이라고 한 사람도 있다. 그분은 꿈을 위해 돈을 모아야 하지만 그 와중에 어려운 사람들에게 후원을 꾸준히 하는 것도 놓치지 않았다. 함께 잘 살기 위해 노력하는 사람은 많은 사람들이 도움의 손길을 내미는 것을 종종 보게 된다. 내가 아는 분 중에 사람들 돕는 것을 사명으로 알고 모든 지식과 자원을 아낌없이 국내뿐만 아니라 해외까지 도움의 손길을 주는 분이 있다. 그분은 말을 유창하게 하면서 나눔에도 아낌이 없었다. 그런데 그분의 남편은 항상 그분을 염려하며 걱정하는 모습을 보였다. 사람들이 잘한다고 하는 것을 듣다 보면 계속 잘해야 한다는 강박이 생길 수 있다. 그분은 어떤 만남에서도 사람들을 도와주려는 한결같은 모습을 보여주기 위해 애썼다. 도움받은 사람들이 고마워하며 존경한다는 말을 늘 듣다가 못 듣게 될 수도 있겠다는 생각이 들게 되면 강박적으로 쉬지를 못한다고 하였다. 가장 가까운 남편에게는 걱정만 안겨준 채 사람들이 고마워하는 일들을 계속해야 했고 누구와 있어도 말을 잘 해야만 하는 사람이었다. 그 후 별거 중이라는 소식을 들어서 안타까웠다. 남에게는 좋은 사람이지만 부부로서는 힘겹게 살아간 것이다.

유창하기보다 유쾌하게

남에게는 유창한 말솜씨로 인기를 끌지만 집에서는 침묵을 하거나 화만 낸다면 오히려 유창한 겉모습이 자신에게도 부담스러운 일이 되고 함께 있는 사람은 심리적으로 더욱 외롭게 되는 경우도 보게 된다. 말을 유창하게 하기 위해서 말을 잘해야 한다는 부담감을 가지게 되면 경직된다. 그리고 모든 상황에서 말을 유창하게 하는 멋진 사람으로 보이기 위해 자신을 속이게 된다. 유창하게 한다는 것은 '잘하는 모습을 보여주어야만 해.'라는 생각에서도 벗어나야 하고 자신이 잘하는 척하는 가면도 벗을 수 있어야 한다. 우리는 유창하게 하는 것처럼 보이고 싶어서 말하는 것을 배우기도 하지만, 말이 내면의 정직함과 닿아 있지 않으면 명품을 흉내 낸 짝퉁에 불과하다. 외모도 중요하지만 외모를 더욱 빛나게 하는 내면을 가꾸는 것이 더 중요하다. 보이는 것이 자신감을 가져올 수 있기 때문에 보이기가 중요하기도 하다. 하지만 보이는 것에만 치우치다 보면 자신을 속이기 쉽기 때문에 유창하게 말하는 것에 집중하기보다 유쾌한 마음을 갖고 내면에서 우러나오는 말로 가짜가 아닌 진짜로 살아가는 연습을 해야 한다.

한 번은 국립묘지를 방문한 적이 있다. 묘지들을 둘러보며 묘비 앞에 있는 편지들과 조화를 보면서 문득, 묘지 앞의 조화처럼 나는 생생함을 느끼며 살아 있는 것일까? 나도 조화처럼 예뻐 보이기만 바라며 시들지 않는 꽃이 되길 바라는 것은 아닐까? 나이가 드는 것을 인정하기 싫어서 가꾸는 데 더 신경을 쓰고 있는 것은 아닐까? 하는 생각을 했다. 조화는 향도 없고 시드는 것도 없다. 하지만 가장 중요한 생명력이 없어서 아름답지 않다. 모든 죽어가는 것들이 아름다운 것은 살아 움직이기 때문일 것이다. 자연은 변화하고 꽃은 시들어 죽고 계절은 바뀌고 즐거움과 고통이 있고 사랑과 배신 그리고 갈급함 간절함, 이런 것들이 공존하는 것이 살아 있는 것이다. 묘지에 놓인 조화를 바라보며 드는 생각들이었다.

그리고 잘 죽어가는 것이 잘 살아가는 것이라는 생각도 들었다. 살아가는 것은 진짜의 나로 살아가는 것이고 생동감 있게 부딪치며 꽃도 피우고 나만의 향기도 뿜어내는 그런 삶을 살 때 말을 함부로 하거나 자신의 지혜를 뽐내기라도 하듯 조언을 퍼부어대지는 않을 것이다. 나의 자리가 어디인지 알고 자신의 향기를 제대로 품고 있는 사람은 자신의 언어에도 향기가 있을 것이다. 유창한 기술을 뛰어넘는 겸손한 언어와 태도로 사람을 대하며 살아보면 어떨까? 조금 서툴더라도 내 마음이 유쾌하고 밝은 상태라면 유창한 내 말로 인한 뿌듯함보다 유쾌한 관계로 인한 큰 기쁨이 있을 것이다.

+ 상위 1%의 말하기

① 말의 보폭 맞추기
→ 상대의 속도에 맞추고 있는가?
② 유창해야 한다는 강박에서 벗어나기
→ 내 마음이 유쾌한지가 먼저이다.

	7

신뢰를 형성하면
적극적으로 따르게 된다

감정에서 비롯된 신뢰

오늘 날씨가 아무리 화창하더라도 일기예보에서 내일 비 올 확률이 100%라고 하면 우산을 챙겨놓게 된다. 우리는 정보, 논리, 전문성, 공공성 등이 뒷받침 된 말에 대해서는 신뢰를 하게 되고, 그 말에 따르는 행동을 하게 된다. 객관적으로 믿을 만한 대상을 믿는 것은 너무나도 당연한 것이다. 우리가 신뢰를 하는 근거가 이와 같이 이성적인 것에서 비롯된 경우가 많이 있다. 그런데 우리의 일상을 가만히 들여다보면 이성적 신뢰보다 더 많이 우리의 행동을 유발하는 요소가 있는데 그것은 감정에서 비롯된 신뢰이다. 예를 들어 광고 중에 이미지가 좋은 모델이 "저, 아무개가 추천하는 ○○는 믿고 쓰셔도 됩니다."와 같이 어필하는 경우가 꽤 있고 그런 제품들이 많이 팔리기도 한다. 제품에 대한 정보를 가지고 어필하는 광고보다 호감 가는 모델을 통해 어필하는 광고가 훨씬 많은 데, 이는 그 모델과의 동일시 효과뿐만 아니라 그 모델에 대한 호감에서 비롯된 신뢰감이 호소력을 발휘하기 때문이라고 볼 수 있다. 지인의 권유를 받고 어떤 제품을 구매하거나 행동을 하는 경우가 많은데 왜 그렇게 할까? 그 지인을 믿기 때문이거나 믿고 싶기 때문이다. 전자는 평소 믿을 만한 행동을 해온 사람이고 객관적으로 신뢰할 만한 사람이기 때문이라고 할 수 있다. 후자는 굳이 객관적인 경험이나 증거가 없다 하더라도 그를 믿을 만하다고 느끼기 때문이다. 즉, 그와의 관계성이나 그에 대한 호감에서 비롯된 신뢰감 때문에 그를 따라 하게 되는 것이다. 이는 엄밀한 의미에서 객관적인 근거에 바탕을 둔 신뢰라고는 말할 수 없다. 그런데 재미있는 것은 비록 객관적이지는 않지만 감정적 신뢰에 바탕을 둔 행동들이 많다는 것이다. 우리가 '아무개가 팥으로 메주를 쑨다고 해도 믿는다'는 속담을 종종 인용하는데, 그때 그 아무개는 평소의 행동을 통해 신뢰를 얻어온 사람일 때도 있지만 호감 또는 친밀감에서 비롯된 신뢰를 주는 경우일 때도 많다. 친밀감의 바탕 위에 형성된 신뢰관계는 쉽게 허물어지지 않고 오래갈 수 있다.

내가 아는 어떤 분이 내가 하는 강의에 수강신청을 했다. 그 강의는 그분의 관심분야와는 거리가 있는 것이기에 의아해서 그분께 수강신청을 한 이유를 물었다. 그분은 "박코치가 하는 강의는 뭐든 듣고 싶어서 그랬어요."라고 하셨다. 그러면서 더 하시는 말씀이 "박코치가 좋으니까"였다. 내가 그 강의를 잘하는지 못하는지, 그 강의가 그분께 얼마나 도움이 되느냐보다는 나를 좋아해주시고 믿어주시는 것에 감사했다.

다른 사람과 신뢰관계를 형성함에 있어 호감이나 친밀감과 같은 감정적인 요소가 중요한데 이와 관련하여 유의할 점이 있다. 관계를 형성하는 것은 어색한 첫 만남의 짧은 5분을 어떻게 사용하느냐에 따라 달라진다. 어떤 모임에 참여했는데 아는 분들이 많이 있었지만 공교롭게도 처음 오신 분이 내 옆에 앉게 되었다. 나는 이제는 어딜 가도 적응을 잘 하는 편이지만, 적응이 어려우신 분들도 꽤 많이 보게 된다. 나는 어릴 때 혼자 있어본 경험이 많았었기에 혼자 있는 사람의 심정도 어느 정도 이해하는 편이다. 그래서 그런 분들과의 만남도 자연스럽게 하게 되었다. 그분과 인사를 나누고 그 모임에 처음 오신 여부를 확인한 후 이런저런 궁금해하는 것들을 알려 주었다. 점심식사 시간이 되었을 때 다른 아는 사람들과 먹는 대신 의도적으로 그분과 같이 먹었다. 식사를 함께하며 더 많은 이야기를 나누고 서로에 대한 호감을 느낄 수 있었고, 지금까지도 지속적으로 관계를 유지하고 있다.

감정적인 요소는 주관적인 면이 있기 때문에 적절한 선을 유지할 필요가 있다. 어떤 세미나에서 여러 사람을 처음 만나 이런저런 얘기를 할 기회가 있었다. 그런데 그중 한 남자 분은 그날 처음 만난 사이였는데도 자신이 바람을 피워서 아내와의 관계에 문제가 발생했다는 아주 지극히 사적인 이야기를 서슴없이 했다. 서로간에 아직 친밀한 관계가 형성되지도 않은 상태에서 그런 말을 들으니 당혹스러웠고, 그 뒤로는 그 분과 거리를 두게 되었다. 다른 사람과의 관계에서 자신은 서로 친밀감을 느낄 수 있도록 하기 위하여 하는 행동이라고 하지만, 그것이 섣부른 것이라면 상대방에게는 거부감이나 반감을 유발할 수 있다. 서로가 공감할 수 있을 때까지는 적절한 거리를 유지하는 것이 필요하다.

친밀감을 유지하는 데 지속적인 관계유지의 행동이 중요하다. 늘 가까이 하는 관계가 아니라면 꾸준히 연락을 하고 안부를 묻는 것이 그리 쉽지만은 않다. 연락을 해볼까 하다가도 왠지 뜬금없어 보여서 머뭇거리게 된다. 하지만 그런 생각을 극복하고 다소 사소하고 무의미할 것 같은 가벼운 안부 인사라도 건넨다면 서로의 관계를 지속적으로 유지하는데 중요한 밑거름이 된다. 그렇게라도 관계가 지속될 때 필요한 일에 대해 부탁하더라도 상대가 거부감 없이 받아들일 수 있다. 평소에 연락도 없다가 오랜만에 연락해서 대뜸 친한 척하며 부탁을 하는 사람에 대해서는 나를 이용하려 한다는 거부감이 들고 그 후에 내가 먼저 연락을 하고 싶지는 않다는 마음이 든다. 자신이 필요로 하는 때를 위해 관계성을 유지하자는 것은 아니지만 어색함을 극복하고 관계유지를 지속했을 때 자신에게 도움이 되는 일이 생길 수도 있다는 것을 말하고 싶다. 특히 우리나라와 같이 혈연, 학연, 지연 등을 중시하는 관계중심적인 사회에서는 더욱 그렇다.

실수 관리를 통한 신뢰 유지

신뢰를 형성하거나 유지하기 위한 요소들 중에 자기 확신을 들 수 있다. 자기 스스로 확신이 있어야 다른 사람에게 확신을 주는 말을 하게 되고, 그 사람이 적극적으로 따르게 된다. 그런데 그 확신이 근거 없는 자기 확신일 경우 오히려 신뢰를 무너뜨릴 수 있다. 확신이 있는 사람처럼 보이기 위해 사실이 아닌 것을 사실인 것처럼 과장하거나 거짓말을 하면 큰 문제를 야기하게 된다.

신뢰관계를 형성하기 위해서는 실수관리를 소홀히 하지 말아야 한다. 사람은 누구나 실수를 한다. 나는 강의할 때 말실수를 한 적이 여러 번 있다. 갑자기 머리가 하얘지면서 단어가 생각이 안 나기도 하고 정확하지 않은 숫자를 이야기한 적도 있다. 실수를 알게 되었을 때 그 사실을 인정하고 정정했는데, 그때는 부끄러웠지만 사실을 바르게 전달할 수 있었고 그 후에는 좀 더 확실하게 준비하는 계기가 되었다. 지속적인 노력과 철저한 준비를 통해 실수를 반복하지 않기 위해 애쓰고 있다.

사람들은 큰 잘못만 하지 않는다면 자신의 작은 실수에 대해서는 별로 신경을 쓰지 않는 경향이 있다. 타인의 실수에는 민감하면서도 자신의 작은 실수에 대해서는 관대한 사람이 있다. 실수는 당연히 있을 수밖에 없다고 하며 자신의 실수를 바로잡지 않고 방치하는 것이다. 실수를 알면서도 시정을 위해 노력하지 않고 그냥 넘어가는 것은, 잘못된 행동임을 알면서도 '다음엔 괜찮아질 거야' 하며 그대로 방치하는 요행심리와도 같다. 이렇게 실수를 방치하는 것이 화근이 되어 다른 사람들로부터 신뢰를 잃게 될 수도 있다. 한 번 신뢰를 잃게 되면 그것을 만회하기 위해 몇 배 더 노력해야 하고, 심지어 만회할 기회조차 잡지 못할 수도 있다.

+ 상위 1%의 생각하기

① 이성에 근거한 신뢰
→ 주로 정보, 논리, 전문성, 공공성 등에 근거하여 형성된다.
② 감정에 근거한 신뢰
→ 주로 관계 속에서 생기는 친밀감이나 호감에 근거하여 형성된다.
③ 이성보다 감정에 근거한 신뢰의 행동을 할 때가 많이 있다

스키마를 이해해야
설득이 가능하다

자신만의 규칙에서 벗어나기

스키마란 어떤 주어진 상황에서 그것과 연관지어 생각하거나 느끼거나 행동하게 되는 일종의 규칙 또는 도식이다. 예를 들어 어떤 말을 들을 때 그것과 관련되어 떠오르는 연상 이미지이다. 하지만 사람들마다 연상되는 이미지는 모두 다르다. 말을 하는 사람과 듣는 사람의 이미지가 다를 경우가 많다. 사람들마다 자기만의 공식이 있다. 해석하는 방식이 다르기 때문에 설득하는 데도 자기만의 공식을 적용하게 된다. 말을 하는 것은 자신을 이해해야 제대로 표현이 된다. 농담 한마디에 여러 명 중 혼자만 화가 나서 분위기를 망치게 되는 경우처럼 자신의 화로 인해 주변 분위기를 흩트리는 사람이 있다면 자신이 왜 그런지를 먼저 알아야 한다. 어떤 생각 방식이 나를 이렇게 화가 나도록 했는지를 아는 것만으로도 편안해지게 된다. 화가 표현되지 못한 것이라면 그 것이 무엇을 의미하는지를 알아가야 한다.

나는 어릴 때부터 나의 집보다는 남의 집에서 지낸 적이 많았다는 생각이 든다. 엄마와의 접촉이 간절할 때 할머니의 집에 맡겨졌던 기억이 여러 번 있었기에 소속감에 대해 민감했다. 중학생 때 친하게 지내던 친구 한 명은 내게는 그 존재가 컸지만 그 친구는 여러 명과 친했기에 나의 존재는 그 친구에게는 여러 명 중 한 명이었을 것이다. 그러나 나와 있는 시간이 가장 많았고 나는 가장 친하다고 생각을 했다. 어느 날 새로 알게 된 친구와 3명이 함께 버스를 타게 되었는데 버스를 타러 가는 동안이나 버스 타고 가는 내내 나는 친구를 빼앗긴 느낌이 들었다. 나와 친한 친구는 새로운 친구와만 말을 하고 나는 투명인간 취급을 하였다. 이제 알게 된 친구니 그럴 수도 있다고 생각했지만 매일 반복되면서 화가 나기 시작했고 온갖 생각이 들었다. 새로운 친구와 할 이야기가 많은가? 나는 너무 편해서 다 이해해주리라 생각한 걸까? 생각할수록 그 친구가 나에 대해 배려해주지 않는 것 같았고, 사람에 대한 배려가 없는 관계는 내가 받아들이기 어려웠다. 그 친구에 대한 이미지가 급격히 나빠졌고 그 친구랑 다니지 않고 혼자 다니기 시작했다. 그때부터 기본적으로 사람을 존중하지 않거나 배려하지 않는 사람과는 거리를 두는 규칙이 생기게 되었다. 나는 나의 집에서 나의 가족과 함께 살고 싶었던 간절함이 많았기 때문에 소속감과 진짜 것에 대해 관심이 많게 되었다. 진정성과 진실함이 중요해졌던 것이다. 나의 자라온 배경과 관련되어 만들어진 또 하나의 규칙은 사람은 인격적 존재로 인정받아야 한다는 것이다.

어릴 때는 외부의 환경에 의해 자신의 존재를 인식하게 되는데 친구의 행동을 통해 나는 내 존재가 무시당한다고 느꼈던 것이다. 어떤 부분에서 자신의 규칙이 너무 강하면 사고가 경직되고 예민해진다. 비슷한 상황이 되었을 때 과하게 표현하는 것은 그 부분에 대해 마지노선이 다른 부분보다 유연하지 못하기 때문이다.

어떤 분은 남편이 잠시라도 자기만의 시간을 가지려고 할 때마다 자신을 거부한다고 생각하고 거절감을 느꼈고, 버려진 아이 같다는 생각을 하며 자녀도 내팽개치고 친정으로 가서 지냈다. 그 생각은 어릴 때 말을 안 들으면 아버지로부터 쫓겨나는 경험을 통해 생겨난 생각의 방식이었다. 사람은 자신이 살기 위해 생각하는 방식을 만든다. 미워하기 위해 만들기도 하고 이해하기 위해 만들기도 한다. 아무리 폭력적인 엄마여도 살기 위해 엄마를 좋은 사람으로 해석해버리는 경우도 있는 것처럼 모든 해석은 자신을 위한 것이다. 자신을 위한 것이기는 하지만 미숙한 방식이기에 위험한 해석이 된다. 그런 식으로 살아가게 되면 어른이 되어도 벗어나기 힘든 경우가 생긴다. 자신만의 고집이 되기 때문에 절대 양보가 없다. 그것이 무너지면 모든 것이 무너질 것 같은 어린 시절의 감정이 함께 일어나기 때문에 끝까지 지키려고 한다. 그래서 많이 배워도 변화가 없는 것은 지식적으로는 알고 있지만 익숙하고 편안한 예전 방식으로 자신도 모르게 가고 있는 것이다. 위의 예처럼 거절감과 버려진 것 같은 생각이 들 때는 어릴 때처럼 아무 생각을 할 수 없고 타인의 말을 들을 줄 모르고 자신만 이해받고 공감받으려고 애쓰게 된다. 그럴수록 관계는 더 벌어지지만 부모로부터 받고 싶은 이해와 공감을 남편에게 끝없이 요구하게 된다. 남편의 혼자 있는 시간조차 이해하지 않게 되고 더 집착함으로 서로 지쳐갔던 것이다. 남편의 도식은 자신에게 전혀 관심을 두지 않고 혼자 둔 적이 많았던 부모에 대해, 그리고 엄마가 어릴 때 집을 나가는 것을 경험했기에 마찬가지로 버려진 아이의 느낌이 있었던 것이다. 처음에는 아내가 늘 함께하려고 해서 관심받는 느낌이었는데 결국 함께하는 것은 하나도 없고 집착만 하는 것을 보면서 배신감과 실망감이 컸던 것이다. 무관심에 대해 건드려지면서 도미노가 넘어지듯 와르르 무너져버린 것이다. 아내의 "나를 혼자 두면 나를 버리는 거야."라는 도식과 남편의 "나에 대한 관심은 나를 이용하기 위한 것이다!"라는 도식이 부딪혔던 것이다. 살아오면서 많은 도식들이 생기고 수정되고 없어지기도 하지만 강력하게 남아서 현실을 괴롭히는 부분들이 있다.

당연한 말은 없다

어떤 분은 어릴 때 장난감이나 원하는 것이 있었는데 아빠가 불필요하다고 거절하는 것을 들으면서 자신은 갖고 싶은데도 아빠가 불필요하다고 하는 것을 이해할 수 없었다고 한다. 차라리 돈이 없어서 못 사준다는 말을 듣는 것이 더 이해가 될 것 같았고, 그 대답만큼은 하지 않기를 바라는 마음에서 다시 물어보았다. 공짜라면 줄 거냐고? 하지만 아빠는 공짜여도 불필요하면 주지 않는다고 답하였고 이로 인해 그분은 존재감에 상처가 생겼다. 그리고 화가 나서 스스로 가난한 사람이라는 생각을 하면서 마음을 달랬다고 한다. 아이도 아이 나이에 맞는 대답이 필요하다. 어른 기준에서 대답을 하게 되면 존재감이 형성되는 시기의 아이는 마음이 무너진다. 그리고 어떤 도식이 생겨서 강박적으로 물건을 모아둔다거나 내 것을 챙기기에 바쁜 사람이 되기도 한다. 사람들의 규칙은 비슷한 것 같지만 다 다를 수밖에 없다. 사람마다 받아들이는 그릇과 환경이 다다르기 때문이다. 내가 신혼 때 남편을 심리적으로 좀 더 의지하고 있을 때 남편은 본가와 심리적으로 분리가 된 상태가 아니었다. 그 문화에 익숙해져 있었기 때문에 내가 맞춰주기만을 기대했다. 의지하고 있는 상대가 내 편이 아니었기에 더욱 남편을 내 편으로 만들기 위해 전투태세가 되었다. 나는 심리적으로 약해져 있었고 나를 공격하는 사람들로부터 보호받고 싶어 내 편이 필요했던 것이다. 그만큼 내가 힘이 없었기 때문이었다. 남편은 이러지도 저러지도 못하는 입장에서 자신이 이해되는 본가에 마음을 더 많이 주게 되었던 것이다. 그러다 보니 남편과는 거리를 두게 되었다. 그런데 거리두기를 하다 보니 아이에게 집착할 것 같은 예감이 들어서 문제에 부딪혀서 해결하며 살아야겠다는 생각을 하게 되었다. 그리고 부딪히는 것을 반복하며 서로를 이해하게 되었고 조금씩 우리만의 가정을 만들어갈 수 있었다.

사람은 관계를 맺을 때 한 명이라도 든든한 내 편이 있기를 원한다. 부부가 한편이 되어야 아이를 잘 양육할 수 있는데 부부 중 한 명이 배우자에게 서운하게 되면 아이 한 명과 친밀감을 바로 가지기 시작한다. 아이는 아이끼리 친밀해야 하는데 첫째가 엄마와 편이 되면, 둘째는 첫째와 경쟁하거나 거리감을 느끼게 되어 다른 곳에 몰입하게 되거나 아빠와 편이 되거나 다른 방식으로 관계를 맺게 되기도 한다. 어떤 집단에서도 각자 자신의 방식으로 관계를 맺어간다. 가족 안에서는 부부가 한 팀이 되어 잘 협력하는 것이 가족을 건강하게 만드는 일인 줄 알면서도 그것이 어려운 부부가 생각보다 많다. 부부도 각자의 가족에서 배워온 자기만의 도식을 가지고 있기 때문이다. 자기만의 도식, 즉 스키마를 자신이 먼저 이해하고 벗어날 수 있어야 상대인 배우자를 이해하고 협력할 수 있는 말을 할 수 있다. 상대가 이해되지 않았을 때는 어떤 말로도 설득이 불가능하다.

① 결혼하면 언제나 함께해야 해

→ 함께할 수도 있지만 각자의 시간도 필요해.

② 나에 대한 관심은 나를 이용하기 위한 거야

→ 내게 관심을 가지는 만큼 자신도 관심을 받고 싶구나.

4 장

실전에
바로 쓰는
8가지
말하기 공식

1

일단은
좋은 인상을 줘라

첫 15초 무엇을 전달할 것인가

대중 앞이든 소그룹이든 처음 만나는 사람과의 첫인상은 그 이후 말하는 것에도 영향을 미치게 된다. 처음 말을 할 때 어떻게 말을 하느냐에 따라 그 사람의 인상에 영향을 미치기 때문에 전문가들은 첫 15초에 무엇을 말할 것인지를 생각하라고 한다. 각자 자신만의 방법이 있을 것이다.

어릴 때는 첫인상이 부드러워 보이면 남들이 쉽게 생각할까 봐 차가워 보이기 위해 노력한 적이 있었다. 남자아이들이 담배 피우면 멋있어 보이고 어른이 된 듯한 느낌으로 흉내 내듯, 나는 어른들의 심각하고 차가운 모습을 따라 하려고 했다. 그리고 어른들이 뒷담화하는 것을 스쳐 지나가듯 들으며 뒷담화 연습도 하였다. 심지어 초등학교 때 뒷담화만 하는 아이를 보며 배우기도 했다. 그러나 뒷담화의 시작은 달콤하고 재미있었으나 끝나고 나면 남는 것이 없었고 허무했다. 그래서 나는 뒤에서 비난하는 것을 멈추고 오히려 칭찬하는 습관을 가지기로 했었다. 뒤에서 칭찬하는 것이 좋은 인상을 주리라고는 생각을 하지 못했지만 나를 위해 그런 시도를 한 것이 좋은 효과를 보게 되었던 것이다.

좋은 인상을 주려는 말은 신뢰를 형성하는 말을 하는 것인데 확실한 부분을 틀리게 말하게 되면 그 외의 말도 신뢰를 하기 어렵게 된다. 강의할 때 특히 말을 조심해야 하는데, 강사의 경우 사람들의 기대치가 있기 때문에 말의 신뢰가 더 크게 작용한다. 강의를 시작할 때는 신경을 많이 써서 조심스럽게 말을 하다가 어느 순간 익숙해지다 보면 준비는 하지만 머리가 하얘지는 순간이 있다. 나는 제법 잘 컨트롤하는 편인데 가끔 실수한 것이 생각나면 부끄러워진다. 18주를 18개월이라고 말하자마자 사람들이 핸드폰을 꺼내 검색하기 시작했고, 강의를 듣지 않는 것이었다. 나는 순간적으로 말의 실수를 느끼고 나도 모르게 나온 말에 대해 인정하고 수정했다. 대규모 강의는 아니어서 한편으로는 수습이 쉬웠지만 너무나 당황한 경험이었다. 나도 모르게 실수하거나 발음이 정확하지 않아서 다르게 듣고 오해하는 경우도 있다. 좋은 인상을 주려면 정확한 발음으로 잘 전달해야 오해를 사지 않게 된다.

나는 지리 감각이 없어서 서 있는 곳이 어느 방향인지를 잘 모를 때가 많다. 몇 년 전에 누군가를 급작스럽게 만나기로 한 적이 있었다. 일을 보고 길을 가다 버스 중간에서 내려 통화를 했기에 어딘지를 정확히 말하기 어려웠다. 상대는 차로 어디로 가야 하는지를 물어보는데 머리가 빙글빙글 돌기 시작했다. 주변엔 이정표도 건물도 눈에 띄는 것이 없고 뭐라고 이야기해야 할지 몰라서 망설이다 핸드폰에 현재 위치를 검색해서 캡처한 후 문자로 보내준 적이 있다. 노선이 나오는 앱을 개발한 사람에게 얼마나 고마웠는지 모른다. 말로 정확하게 표현하지 못할 때는 자신의 약한 부분을 보완할 수 있는 방법을 미리 챙겨둬야겠다는 생각을 하게 되었다. 나의 약점을 대신할 무언가로 답을 할 경우 오히려 좋은 인상을 주기도 한다. 그분은 내가 굉장히 정확하다는 첫인상을 받았던 것이다. 길을 모르기에 정확한 것을 찾아서 보여준 것이 첫인상에 좋은 효과가 있었다. 만약 이런 도구가 없다면 다른 방법을 시도했을 것이다. 택시로 장소를 이동해서 중간에 만나는 등 당황하지 않는다면 방법은 다양하게 찾을 수 있을 것이다. 말을 할 때 실수를 할 경우는 주워 담을 수 없지만 정리를 잘한다면 더 좋은 인상을 줄 수 있는 기회가 되기도 한다. 자신의 말에 대해 옳다고 주장하면 할수록 이미지는 더 나빠질 뿐이다. 보통 자존심이 상하게 되는 경우 겸손해지지 못하는 것을 보게 된다. 그 자존심을 지키기 위해 상대가 받아들일 때까지 주장을 하며 치열하게 싸우는 사람도 있다. 강한 주장을 하는 사람은 스스로는 분명해 보인다고 생각하지만 고집이 세다는 인상을 더 받게 된다.

　가끔 처음 만나자마자 걱정을 이야기하며 "정답을 이야기해주세요."라든지 "방법을 이야기해주세요."라는 분들도 있다. 그렇다고 알려주는 방법을 그대로 하는 사람은 거의 본 적이 없다. 나는 "정답은 아니지만 참고만 하세요."라든지 "제가 떠오른 방법은 이런 것인데 더 나은 자신만의 방법을 찾아보세요."라고 말한다. 정답만 원하는 사람들 중 답을 주어도 자신의 뜻대로 하거나 책임을 떠넘기기도 하며 행동하지 못한 변명거리로 삼기도 한다. 그래서 나는 답을 잘 하지 않는 편이다. 스스로 생각의 힘을 키우기를 바라며 기다려준다. 처음에는 답답해하기도 하고 답을 주지 않는 것에 막막해하지만 계속 지지하며 질문을 하다 보면 나름의 답을 찾는 모습을 보게 되고 의지도 더 강해지며 책임감도 더 생겨나는 것을 보게 된다.

실수는 실수일 뿐이다

　강의하거나 대중 앞에서 말을 하는 사람일수록 신뢰가 중요하다. 신뢰를 잃어버리는 것은 순간이지만 회복하는 데는 오랜 시간이 걸릴 수 있기 때문이다. 실수를 하게 될 경우 바로 인정하는 것이 필요하다. 실수한 말을 주워 담을 수는 없지만 정리를 잘하느냐 못 하느냐에 따라 인상을 결정한다. 실수를 더 좋은 기회로 만들기 위한 정리방법은 실수를 겸손하게 인정하는 것이다. 구체적이고 적절한 사과가 필요하다. 과한 사과는 오히려 반감을 산다는 것은 앞서도 말한 내용이다. 누구나 자신의 실수에 대해 합리화하고 싶은 욕구가 있다. 이유가 있더라도 실수는 실수인 것이다. 나 또한 실수를 하고 모르고 지나온 것들이 많을 것이다. 내가 아는 강사분 중 몰입을 잘 하시는 분이 있는데 목소리와 이미지가 선명해서 깐깐하게 보는 분도 있다. 그분에게 상처받았다는 사람이 있어서 소문이 안 좋게 난 것이다. 나는 그분이 몰입을 잘해서 아마 차갑게 보였을 수도 있다고, 원래는 마음이 따뜻하고 정이 많은 분이라고 이야기해 준 적이 있다. 이야기를 하면서도 나에 대해서도 사람들이 자신의 기분에 따라 오해를 하는 것을 보았다. 그리고 몇 년 후에 사과를 하는 사람들도 꽤나 있었다. 나는 최선을 다해 만남을 가졌음에도 사람들이 판단하거나 오해를 하는 일이 있다. 다른 사람의 반응이 그 사람의 문제일 수 있지만 그렇게 보이도록 한 나의 문제도 분명히 어느 정도 있을 것이라 생각한다.

어떤 분은 갈등의 문제가 자신의 문제가 아니라는 결론을 쉽게 내고 배운 지식을 합리화의 도구로 사용했다. 기분 나쁜 모든 것을 쉽게 남의 탓으로 돌렸고 상대방의 인격에 문제가 있어서 자신을 그렇게 보는 것이라고 단정짓는 모습을 보면서 일단 받아들인 후 그렇게 말하고 나면 어떤지, 그렇게 생각하는 것이 변화에 도움이 되는지를 물어보았다. 그분은 자신이 변화되는 것을 두려워한다는 것을 알게 되었다고 하였다. 성장이 아닌 현재 평온한 상태에만 머무르고 싶고 남 탓을 하며 편하게 지내고 싶다는 것이었다. 그것이 정말 편한 것일까? 관계에서는 어떤 영향을 미치며 어떤 사람으로 보일 것인가를 생각한다면 좀 더 나은 선택을 할 수 있으리라 믿는다. 계속 자신을 건강하지 않게 보호하고 있다면 제대로 보호하는 법을 배워야 한다. 좋은 인상을 주는 말은 실수를 했을 때도 겸손히 정리하는 기술을 발휘해야 하며 자신이 당당하게 주장하는 것에 상대가 반박을 했을 때 인정할 부분이 있는지, 객관적 사실인지를 구분해서 이야기를 하되 목소리의 톤도 강하게 하기보다는 평정심을 유지하며 말하는 것이 겸손한 인상을 주고 좋은 사람으로 보인다. 그런 사람과는 반박하려는 마음이 들기보다는 협력하고 싶은 마음이 들게 된다. 때로는 과장된 리액션도 필요하고 차분한 목소리로 분위기를 맞춰주며 진지하게 반응하는 것도 필요하다. 한 번은 고객이 너무 밝은 분위기인데 좀 들뜬 느낌이었다. 행동은 나와 거리를 두고 있었다. 나는 나의 분위기를 유지했고 안정감을 전해주었다. 편안한 에너지를 주며 미소로 들어주었다. 곧 나의 페이스와 맞게 되었고 들뜬 분위기에서 조금은 솔직해지려는 태도를 보였다. 결과적으로 나에 대해 좋은 인상을 받았다. 좋은 인상을 주는 말하기는 표정과 태도 모두 중요하며 자신의 기분에 따라 정하는 것이 아니라 상대의 모든 행동을 읽고 흐름을 파악해야 한다. 그래야만 좋은 인상을 주며 말을 할 때 집중도가 높아지게 된다.

+ 상위 1%의 말하기

① 밝은 미소로 인사하기
② 실수했을 때 인정하기
③ 뒤에서 칭찬하기

긍정적 암시를
걸어라

현재를 위한 긍정언어

가끔 사람들에게 "아침에 일어나면 어떤 생각이 가장 먼저 떠오르세요?"라고 물어본다. 그러면 대부분의 사람들은 거의 기억을 못 한다. 대부분 무의식적으로 아침을 맞이하기 때문이다. 사람들은 눈을 뜰 때 긍정적이든 부정적이든 그 때마다 다른 생각을 하게 된다.

나는 일어나는 시간에 내 생각을 살펴보기로 한 적이 있다. 어떤 날은 전율이 느껴질 정도로 감사하고 어떤 날은 마냥 졸리고 쉬고만 싶었다. 그 때마다 다르고, 그날 아침의 기분에 따라 그날 하루가 상당히 영향을 받는다는 것을 발견하게 되었다. 누구나 긍정과 부정의 모습 모두를 가지고 있지만 쉽게 부정의 늪으로 빠질 수 있다. 긍정적으로 드러난 모습 속에 부정적인 모습을 숨기고 있는 경우가 있다. 과거에 매여 있을 때 더 부정적으로 가게 된다. 현재를 살지 못하는 여러 가지 이유중에는 과거의 상처를 잡고 있기 때문에 나타나는 경우가 많다.

어렸을 때는 쉬는 시간만 되면 학교 책상에 엎드려 어른이 되기만을 바랐고 막상 어떤 일을 하고 싶다는 생각도 하지 못했다. 어른이 되면 하고 싶은 말을 실컷 해도 모두 어른스럽게 받아주고 들어주리란 기대를 했었다. 현실이 괴로우니 꿈도 없이 마냥 어른이 되고만 싶었던 것이다. 나의 그런 모습을 생각하면 예전이나 지금이나 꿈이 없는 사람들의 모습에는 의욕이 없다. 어떤 보상으로 순간적 만족은 있을 수 있지만 마음 깊은 곳에서 나오는 에너지와 열정은 찾기 힘들다. 내가 긍정적 암시를 할 수 있는 계기가 된 것은 나에게 가장 위로가 된 하늘을 바라보는 것이었다. 어릴 때 2층 옥상에 올라가면 혼자 앉아 있을 수 있어서 좋았다. 그리고 1층에서 아이들 노는 것을 구경하며 부러워하기도 했지만, 하늘을 보는 것만으로도 위로가 되었고 숨을 쉬는 것 같았다. 아무것도 없이 구름만 흘러가는 것도 재미있었고 말을 하지 않아도 노을에 감탄하며 빛이 시간대로 변하는 아름다움을 즐겼다. 그 하늘은 나에게 위로와 안정감도 찾아주었다. 그리고 알 수 없는 평안함을 느끼기도 했다. 지금도 하늘을 바라보면 마음이 시원해진다. 몸이 아파서 아이들과 놀 수는 없었지만 하늘을 바라보며 즐거운 상상을 하며 시간을 보냈다. 그때 긍정적인 생각들을 많이 하며 마음의 평안함을 유지할 수 있었다. 나의 그런 습관은 현재를 잘 살 수 있는 힘이 되었던 것 같다. 긍정적 암시는 현재 자신이 원하는 상태를 알기만 하면 어떠한 전제 없이도 가능하다. 현재 느끼고 싶은 감정은 무엇인가? 평안함이라면 내 속에 있는 그 평안함을 깨우는 것이다.

여러 가지 문제와 부딪히면서 과거의 상처를 용서하며 현실을 살아갈 수 있게 되었던 것도 남들은 놀 때 혼자 질문하며 생각하는 시간을 많이 보냈기 때문이기도 하다. 과거의 부족한 모습에 집중하지 않고 현실을 잘 살아가는 것을 배웠고, 미래도 현재의 연속인 사실을 인식하며 지금의 시간에도 최선을 다하고 있다. 매일 눈을 뜨는 것만으로도 나는 충분하다는 것을 알게되었다. 그리고 순간순간 내가 하고 싶은 것들을 하며 사람들을 돕는 것을 즐거워하고 있다. 나답게 살기 위해서는 내가 누구인지를 알아야 나답게 산다는 말을 할 수 있다. 긍정적 암시를 하기 위해서는 과장되게 자신을 긍정화하는 것이 아니라, 존재 자체로 감사하는 것부터 시작하고 자신의 소중함을 느껴야 한다. 존재감이 확립되지 않고서는 과거 상처나 환경과 사람들의 자극에 민감하게 반응하게 되고, 자신도 모르게 화가 치밀어오를 수 있다.

사람들은 가슴이 시키는 일을 해야 한다고 말하기도 하고 자신이 하고 싶은 일을 하며 성공해야 한다고 말하지만 하기 싫은 일은 생각하지 않고 그 일을 하지 않아도 되는지 궁금해하는 사람들이 있다. 사람들은 쉽게 부정적이 되기도 하지만 대부분 하고 싶지 않은 것은 피하고 싶어 한다. 긍정적 암시는 긍정적인 말만 하거나 자신을 위로만 하는 것이 아니라 자신 생각이나 감정에 책임을 지는 것이다. 예를 들어 부정적 암시인 '포기했다, 힘들어서 못했다, 안 될 것 같다' 등의 생각들을 하게 되면 부정적으로 자신을 보게 된다. '할 것이다, 잘되고 있고 좋은 결과가 나타난다' 등의 긍정적 암시를 한다는 것은 말뿐만이 아니라 그 말에 맞는 행동을 하는 것이다. 에너지가 있을때 행동하게 된다. "난 이것을 할 것이다!"라고 말하고 이루어낸 것을 상상하면 구체적인 계획들이 생기고 당장 해야 할 것들이 보이고 행동하게 된다. 에너지가 충만하지만 하기 싫은 일은 하지 않으려 하고 마음 가는 대로만 한다면 자신도 모르게 '하기 싫은 일에 대해서는 역시 난 안되나 보다.' 하는 부정적인 암시를 하게 된다.

행동으로 실천하기 싫을 때 핑계거리들이 많이 떠오른다. 그러나 행동을 먼저 해야 고민이 사라진다. 나 같은 경우도 새벽에 일어나기 힘들어하는 사람이지만 몸부터 일으켜 세우고 나선다. 그리고 뛰면서 좋은 경험들을 만들어낸다. 일단 원하는 것을 생각하고 행동해야 생각이 바뀔 수 있다.

익숙함을 놓지 못하면 새로운 것을 잡지 못한다

어떤 분은 약속만 하면 취소를 하는 분이 있다. 마치 취소하기 위해 약속을 하는 사람 같았다. 그분은 자신을 약속에 항상 늦는 사람이라고 단정을 짓고 있었다. 늦기 싫어서 약속을 취소한다는 것이었다. 이런 분과 누가 약속을 편하게 하겠는가? 사람들과의 신뢰가 떨어지게 되어서 고민을 하다가 나를 소개받고 만나게 된 분이다. 이분은 다른 부분에서는 신뢰가 가는 분이었지만 약속에 관해서는 본인도 변화를 시도하다가 지친 상태였다. 이분의 고정된 생각속에 약속에 늦는 사람이라는 부정적 암시가 문제였다. 어떤 것을 확신하게 되면 그렇게 되어간다는 것을 알면서도 그 부분에 대해서는 자신도 그렇게 생각하는지 모르고 있었던 것이다. 그래서 생각을 바꾸어 약속을 언제나 지킬 수는 없지만 약속을 하면 지킨다는 자신에 대한 확신을 가지도록 한 적이 있다. 물론 자신을 이해하면서 조금씩 나아지게 되었다.

자신에게 하는 암시의 말이 너무나 중요한 영향을 미치는데 우리는 자신에게 어떤 암시의 말을 하고 있는가? 확언하고 있는 것이 부정적인지, 긍정적인지를 살펴보면 많은 사람들이 부정적이다. 때로는 지나치게 긍정적이어서 오히려 노력하지 않고 무의미하게 사는 사람도 있다. 지나친 긍정도 사람을 성장시키지 못하고, 지나친 자기 부정도 성장에 방해가 된다. 우리는 어떤 사안에 대해 있는 그대로 바라보고 변화시켜야 할 부분인지, 넘어가야 할 부분인지, 다르게 생각해도 될 부분인지를 구별해서 시도해야 한다. 어떤 분은 늘 긍정적으로 자신을 바라보며 행복해하면서도 걱정은 많았고 표정도 어두웠다. 이분이 긍정적으로 생각하는 이유는 자신이 좋은 사람이라는 것을 보이기 위한 것이 전부였다. 이런 경우는 성장이 어렵다. 실제로 긍정적 암시를 잘 사용하게 되면 얼굴 표정과 삶의 차원이 달라진다. 우리는 자기 암시가 얼마나 강한 영향을 미치는지 안다. 자기 암시를 통해 스스로의 태도가 변화되기도 하고 확신이 들기도 한다. 자신을 의심하고 신뢰하지 못하는 사람은 늘 불안에 떨게된다.

버지니아대학 대니얼 베그너 박사의 실험에 의하면 단어 하나도 중요하다는 것을 알 수 있다. 긍정적 암시를 한다고 하면서 '나는 편안해도돼.'라고 한다면 편안해질까? 그 말 자체에 불안이 들어가 있다. '나는 불안해!'라는 말이 포함되어 있기에 사람들은 더 긴장할 수 있다. '슬퍼하지 마.'라고 한다면 어떨까? 슬픔이라는 단어에서 이미 감정과 연결이 되어버린다. 스스로 긍정 암시를 할 경우 단어 선택을 잘 해야 한다는 것이다. 긍정적 심리 암시는 유익한 거짓말이 될 수 있다. 사람들은 자신을 속이는 것이라고 생각하며 부정적 관점을 가지기도 하지만 사람은 부정적이든 긍정적이든 자신을 속인다. 긍정적인 말로 자신에게 확신을 주는 것이 중요하다. 한 번 한다고 되는 것이 아니라 꾸준한 자기 암시가 필요하다. 부정적인 것을 믿고 싶을 때는 부정적 암시를 하게 되고, 긍정적인 것을 믿고 싶을 때는 긍정적 암시를 하게 된다. 사람들은 믿고 싶은 것을 믿기 때문이다.

요컨대 편안해지고 싶다면 이렇게 말하는 것이다. '나는 편안해!'라고 단정하고 편안함을 바로 느끼는 연습을 한다. 감사한 것을 찾는 것이 어렵다면 이유를 찾지 말고 "감사해."라고 말하고 느껴보자. 감사의 조건을 너무 붙이게 되면 자신도 모르게 조건적 감사가 될 수도 있기 때문에 나의 존재를 느끼며 "감사해."라고 말해본다면 존재에 대해 깊이 감사함을 느끼는 순간이 올 것이다. 어떤 분은 "행복해."라는 말은 결과가 없어서 느끼기가 힘들다고 한다. 하지만 감사는 결과에 대해 찾는 것이기 때문에 쉽다고 하였다. 결과가 있어야만 믿는 것도 필요하지만 결과는 없지만 과정에서 희망을 갖는 믿음도 필요하다. 그런 믿음을 갖는다면 긍정적 암시가 더 효과적이다. 상대에게 긍정적 암시를 해줄 경우는 지지와 격려와 함께 잘하고 있음에 대한 믿음이 필요하다.

상대를 신뢰하지 못하는 것은 자신의 불안에서 시작되는 것일 수도 있기에 상대를 바라볼 때 불안의 요소가 상대에게 있는 것이 어느 정도인지 또 자신에게 있는 불안은 어느 정도인지를 파악한 후 자신의 불안을 상대에게 넘기지 말아야 한다.

① 보편적으로 긍정적인 부분 긍정하기

→ 나는 소중하다, 나는 존중받아 마땅하다, 나는 하나뿐인 존재다.

② 가능성을 믿는 말

→ 이미 잘하고 있고, 잘해왔다, 그래서 잘해낼 것이다.

부탁과 거절에도
기술이 있다

부탁과 거절로 관계를 맺는다

"부탁 좀 들어줄래요?"라고 하는 사람들 중 말하는 태도는 부드럽지만 거절하면 안 될 것 같은 사람이 있다. 강의가 끝나고 어느 날 수강생과 함께 집으로 가는데 그분은 자신의 고민을 털어놓기 시작했다. 아들에게 비위 맞추느라 허둥대는 자신의 모습이 숨 가쁘다고 하였다. 이야기하던 중 자신의 어린 시절 엄마의 기준에 맞추느라 허둥대는 모습이 지금 아들과의 모습과 똑같다며 놀라워했다. 엄마와의 관계에서 부탁은 당연히 해야 할 일들로 여겨졌고 강요를 하지 않았음에도 엄마의 기대에 맞추며 사랑받으려고 했다고 한다. 부탁과 함께 거절도 할 수 있었다면 헉헉대며 살지 않았을 텐데 이분의 엄마는 거절을 가르쳐주지 못했던 것 같다. 부탁만 받고 거절을 못 하니 부탁을 들어주든, 못 들어주든 죄책감에 시달려야 했다. 엄마의 눈치를 보며 생각을 추측하며 지냈기에 현재 아들에게도 눈치보며 추측해서 필요한 것들을 제공하였다. 그분이 아들과 바라는 관계는 친구같이 친밀감이 느껴지는 엄마이며, 자신이 엄마와 가장 원했던 친밀감을 아들과 맺고 싶었다고 했다. 자신도 느껴보지 못한 것을 아들에게 기대를 하니 실망도 컸고 아들과는 불편한 관계가 되어가고 있었다. 아들은 끊임없이 엄마의 간섭을 거절했으나 엄마는 아들의 거절을 무시했고, 서로 눈치를 보는 상황이었다.

부탁을 할 때는 정중하면서도 구체적으로 하되 꼭 들어주었으면 하는 것이라도 상대가 거절할 수 있다는 전제를 가져야 한다. 거절을 자유롭게 할 수 있어야 부탁도 자유롭게 할 수 있다. "부탁해도 될까요?"라는 말은 "부탁 좀 들어줄래요?"보다 더 배려하는 느낌이 든다. 상대방의 의중을 묻는 것이기 때문이다. 부탁이라는 표현과 함께 강압적인 느낌을 주게 되면 듣는 사람은 묘하게 기분이 나쁠 수 있다. 말로 "이거 해!"라고 강압적으로 하지는 않지만 안 들어주면 미안해지게 만드는 것이다. 강압적이 되어야 상대방이 들어줄 것 같다고 생각하지만 미묘한 말의 차이에서 기분이 상하게 된다. 들어주기는 하지만 좋은 관계를 맺고 싶지는 않은 사람이 되는 것이다.

거절을 할 때는 어떤가? "안 돼요!"라든지 "싫어요!"라고 단정적으로 말하는 것이 습관이 되어 있다면 조금 더 말을 덧붙이는 새로운 습관이 필요하다. "음, 안 되는데 대안이 생각이 안 나네요."라든지 다양한 방법이 있을 것이다.

어떤 분은 누군가에게 부탁을 한 적이 있는데 이해하기 어려운 말로 거절을 해서 오히려 상처를 받은 경우도 있다. 거절을 할 때 이해하기 어려운 말들을 하거나 자신의 사정을 길게 이야기하면 핑계로 들리며 상처를 받게 된다. 부탁하는 것도 용기를 내서 하는데 거절을 자신의 입장에서만 하다 보면 문제가 생긴다. 말을 덧붙일 때도 간단히 덧붙이는 것이 필요하다. 간단히 덧붙일 때 상황에 따라 대안을 제시할 수 있고, 자신이 할 수 없는 이유를 한 문장으로 요약하는 기술이 필요하다.

거절을 할 때는 상황에 맞는 지혜가 필요하다. 유연한 대처를 위해서는 거절에 대한 부정적인 이미지를 먼저 내려놓는 것이 필요하다. 거절하는 사람이 부정적인 생각을 갖고 있을 때는 표정부터 굳어지거나 말투가 어색하고 제대로 표현을 못 한다. 하기 싫은 일을 계속 해달라고 부탁하는 사람이 있다면 어떻게 거절 해야 할까? 아무리 싫은 부탁을 해도 거절할 때 찌푸린 표정으로 하게 되면 부탁은 다시 안 하겠지만 반대로 부탁할 때 들어주기 싫을 수 있다. 거절에 대한 좋지 않은 이미지가 생기지 않도록 잘 사용해서 서로 존중하면서 도움을 주고받는 관계가 될 수 있으면 좋겠다. 상대방의 마음에 불편함이 남지 않도록 거절하는 것이 필요하다. 거절할 때 딱 잘라서 싫다고 하는 것은 주로 아이들이 많이 하는 표현이다. 그런 방법으로 거절을 하기보다는 상대의 입장과 상황을 생각해서 표현해야 한다.

또한 부탁을 할 때는 자신의 원하는 기준에만 맞추어 상대의 의견보다 자신의 의견을 먼저 이야기하다 보면 부탁을 듣는 사람의 마음이 상할 수 있다. 먼저 상대가 거절할 가능성을 열어주기 위해 상대의 상황이 어떤지를 먼저 듣는 것이 좋다.

어떤 분이 간절히 어떤 일을 부탁 해서 한 번 들어준 적이 있는데 부탁한 후에는 고마운 줄 모르며 오히려 잔소리를 늘어놓는 경험을 했다. 부탁을 당연하다고 생각하고 자신의 입장만 생각하고 있었던 것이다. 부탁을 하는 사람은 부탁을 들어주는 사람을 믿고 감사한 마음을 가지면 좋을텐데 부탁을 들어주자 그 이후 오히려 더 당당해진 것이다. 부탁과 함께 이어지는 행동이나 태도도 관계에 큰 영향을 미친다. 이럴 때는 서로를 위해서라도 더 이상 부탁한 일을 진행할 수 없다고 거절해야 하며, 그 이유도 간단히 덧붙이는 것이 필요하다.

거절의 방법

거절을 하기 위해 3가지 방법을 생각해본다면 첫째, 먼저 밝고 따뜻한 표정으로 대하며 부탁하는 사람에 대해서는 어떤 부정적 감정이 없음을 보여주어야 한다. 둘째, 미안한 마음을 전하고 이유를 한 문장으로 말한다. 셋째, 필요하다면 한 가지 대안이나 제안을 하고 함께 잠시 고민을 해본다. 이렇게 거절을 할 경우 상대방은 자신의 존재에 대한 거절이 아님을 알기에 함께해주는 것으로 고마워할 것이다. 간절한 부탁이라도 아쉽기는 하겠지만 적어도 마음에 상처는 남지 않을 것이다.

한편 거절했음에도 거절에 대한 아쉬움이 커서 계속 부탁하는 경우에는 정중히 자리를 이동하는 것이 낫다. 부탁과 거절은 정중한 태도와 따뜻한 표정이 필수다. 내용에 따라 진지한 태도가 필요하겠지만 상황에 따라 너무 심각한 표정은 부탁받는 사람도 부담스러울 수 있다. 많은 경험을 통해 유연한 대처를 할 수 있기를 바란다.

어떤 기술이든 기술이라는 것은 연습에 의해 기술자가 된다. 방법을 안다고 언젠가는 사용할 수 있다고 생각한다면 오산이다. 나는 운전을 꽤 잘하는 편이었다. 그러나 한동안 쉬면서 대중교통을 이용하다 보니 운전이 더 불편하다는 생각을 하게 되었다. 운전만 할 때는 대중교통이 너무 불편해서 가까운 곳도 운전을 하고 다녔는데 지금은 반대가 되었다. 자신이 익숙한 것이 가장 편하게 느껴진다. 과거에 머물러서 변화되지 않고 있다면 그것이 힘들어도 힘든 줄 모르며 익숙함에 편하다는 착각을 하는 것이다. 더 나은 생활과 성장의 기쁨을 누리기 위해 새로운 것에 익숙해지도록 연습해야 변할 수 있다. 어떤 분들은 자신이 거절할 때의 차가운 태도처럼 상대방도 똑같이 대할 것이라고 추측하기 때문에 더욱 거절이 힘들어지는 경우도 있다. 어떤 분은 부탁만 받으면 짜증이 난다고 한 분도 있다. 자기일은 자기가 알아서 하지 왜 매번 부탁을 하는지 모르겠다고 한다. 그럴 때마다 거절하는 것도 지겹다며 기분 좋게 거절할 수가 없다고 한다. 이렇게 부탁이나 거절을 할 때도 자신이 생각하는 방식으로 상대에 대해 추측하고 판단을 미리 하기 때문에 우리는 많은 편견과 선입견을 내려놓는 연습을 해야 하며 있는 그대로의 그 사람으로 대하는 것이 필요하다.

어떤 분은 착한 사람이라는 소리를 듣기 위해 거절을 할 수 없었다. 어릴 때부터 모든 것을 양보하며 착하다는 소리를 듣고 자랐다. 하지만 부당한 부탁이나 비윤리적 부탁을 할 경우조차 거절을 못해 갈등을 하고 있었다. 그럴 때는 눈을 바라보고 부드럽지만 단호하게 "안 됩니다."라고 해야 한다. 부드러운 마음을 가지기 위해서는 거절해도 괜찮다는 생각을 해야 하며 부당하고 잘못된 기준을 가진 사람의 말에 어설프게 들어주는 일이 없어야 한다. 잘못된 기준에는 단호함이 필요하며 거절을 못하게 되면 더 큰 대가를 치르게 된다. 건강한 관계를 유지하고 자신과 다른 사람과의 풍성한 관계를 위해 적절한 거절은 필요하다.

+ 상위 1%의 말하기

① 부탁할 때
→ 거절해도 괜찮은 마음이 들도록 한다. "가능하다면"이라는 말을 덧붙인다.
② 거절할 때
→ 따뜻한 미소로 분명하게 이야기하며 대안도 함께 제시한다.

4

하고 싶은 말은
제대로 표현하라

눈높이를 맞추는 말

"선생님은 어떻게 그렇게 말을 잘하세요?"라고 묻는 분들이 있다. 그 분들은 그 시점에서 내가 하는 말이 적절했기에 그렇게 생각했을 뿐이다. 나는 말을 잘 못할 때가 더 많기에 잘한다는 기준도 생각을 하지 않고 있다. 생각이 정리가 되면 말이 간단해지고 핵심만 이야기하게 되어 잘하는 느낌을 가질 수는 있다. 나는 하고 싶은 말을 못하는 사람이었다. 하고 싶은 말이 무엇인지도 모른 채 말이 끝나면 해야 할 말을 못한 것을 후회하는 편이었다. 하지만 지금은 내가 조용하지만 할 말을 다 한다고 하시는 분의 말을 들어보면 지금은 많이 변했다는 것을 느끼게 된다. 지금은 못할 말이 없기 때문이다. 나 또한 상대의 묵은 감정으로 인한 말에 상처를 받기도 하지만 그것은 오히려 서로에게 더 성장할 수 있는 기회가 되기도 한다. 하지만 상처로만 남긴 채 관계를 끝내는 사람도 있기에 아쉬운 경우도 있었지만 상처가 되는 말에 얽매이기보다는 새로운 관계들이 기다리고 있음을 기대하는 것이 더 낫다.

　건강하게 내면을 가꾼 사람은 눈높이를 낮추어서 대화를 할 수 있다. 하지만 겉으로 보기에는 성공했지만 자만심만 높은 사람은 자신이 얼마나 잘난 사람인지만을 보여주기 위해 자신의 성공을 드러내며 사람들을 은근히 무시하는 경우도 있다. 이럴 때 사람들은 하고 싶은 말이 있어도 꾹 참는다. 하고 싶은 말을 참지 않고 말하려면 그 사람의 눈높이에서 그 사람의 입장을 이해하고 자신의 의견을 표현해야 하는데 가장 원하는 것을 최대한 짧게 이야기해야 한다. 사람이 당황하면 자신이 이야기를 하면서도 무슨 이야기를 하는지를 모를 때가 있다. 그럴 때는 하고 싶은 말 주변을 계속 뱅글뱅글 맴돈다. 자신을 신뢰하지 못하고 하고 싶은 말을 제대로 하지 못하는 사람은 주변을 맴돌기에 말이 많고 산만해서 무슨 말인지 알 수 없게 만든다. 상대가 정확히 알아주기 시작하면 그때 의존하기 시작한다. 상대에게 하고 싶은 말에서 꼭 전달하고 싶은 말이 있다면 그 말이 상대를 비난하기 위해 하는 말인지, 상대를 위한 말인지, 자신의 괴로움을 이야기하려고 하는 말인지를 알아야 말이 분명해진다.

분명하지 않은 것을 말하고 싶을 때는 "정확하지 않으면 말하지 않을 거야."라든지 "이건 쓸데없는 말이어서 할 필요가 없어."라든지 "차라리 내가 참고 넘어가야지."라든지 "저 사람은 말을 듣지 않는 사람이야." 등 여러 부정적 전제를 하며 하고 싶은 말을 주저하기보다는 '정확하지는 않지만, 얼핏 듣기로는'으로 시작하고 '동의하지는 않지만 일부 이런 말을 들었을 때'라든지 하고 싶은 말 앞에 솔직한 생각을 덧붙이는 것도 표현의 용기가 생길 수 있다.

어떤 분은 아내에게 말하는 것을 두려워했다. 목소리와 덩치도 크고 자신감 있어 보이는 분인데 아내가 자신을 비난할까 봐 두렵다는 것이었다. 그래서 무조건 아내 말에 동의하고 자신의 의견은 한 번도 이야기한 적이 없다며 괴로워했다. 이분의 경우 비난에 대해 민감해서 비난받지 않기 위해 안간힘을 쏟고 있었다. 스스로를 많이 비난하고 있었다. 자신에 대해 한심하다고 여긴다며 표현하지 못하는 자신이 초라해 보이고 비참해질 때도 있다고 하였다. 아내를 비난할 수 없어서 자신을 비난하고 있었다. 한때 우울증에 걸려 잠도 못 잔 적도 있었다고 한다. 정신과에서 약을 받아먹고 잠을 잘 수 있었지만 자신의 목소리를 내고 싶고, 자연스럽게 하고 싶은 말을 하며 살고 싶어 했다. 하고 싶은 말을 하기 위해 생각의 정리가 필요했다. 상대에 대해서도 생각하는 시간이 필요했다. 자신의 두려움으로 상대의 말을 전혀 듣지 못하고 있었기 때문에 아내도 계속 불만이 쌓여만 가는 것을 알지 못하였다. 그 불만은 자신이 가장 두려워하는 비난으로 이어지는 것이었다.

하고 싶은 말을 대충 해서는 상대방이 이해할 수 없다. 제대로 잘 표현해야만 한다. 우선 자신의 감정을 이야기하는 것을 조심해야 한다. 잘못 전달하게 되면 상대방이 공격당한다는 느낌을 받아서 비난을 하기 때문이다. 자신의 감정이라고 해서 상대의 입장은 생각하지 못하고 자유롭게 이야기하는 것은 이기적인 방법이다. 자신의 감정을 꼭 이야기해야 하는 이유가 무엇인가? 상대는 이해가 되지 않을 수도 있고 무작정 이해해줄 수 없는 사람일 수도 있다. 자신이 스스로 감정에 책임을 지는 사람이라면 굳이 자신의 감정을 이야기할 필요가 없다. 그 감정의 이면에 있는 원하는 것만 간략하게 이야기하면 된다. 자신의 감정을 아무 데나 던져버리는 것은 조심해야 한다. 던지지 않기 위해 감정에 대해 민감하게 알아차리고 자신이 해결해야 한다. 자신의 것이라고 생각하지 않고 타인에 의해 환경에 의해 생겨난 것이라고 가볍게 털어버리는 경우도 간혹 있어야겠지만 감정을 상대방에게 던지는 방식으로 자신의 이야기를 하는 것은 '넌 나를 이해해야만 해.'라는 강요이기에 폭력적으로 느끼게 되어 상대도 맞받아치거나 공격할 수밖에 없다. 하고 싶은 말을 자기 기분대로 하는 것을 조심해야 하고 자신의 느낌을 표현할 때도 감정에 책임감을 가지고 이야기해야 하며 표현할 때는 상대의 마음도 들을 수 있는 여유가 있을 때 해야 한다.

하고 싶은 말을 들어주기

하고 싶은 말을 제대로 잘하는 사람들의 특징을 보면 여유가 있고 겸손하다. 그리고 말을 간략하게 한다. 자신이 하고 싶은 말의 핵심을 알기에 그 말이 확장되고 깊어질 수 있다. 반면 말에 대한 두려움이 있는 사람은 처음부터 자신이 무슨 말을 하는지도 모르며 주변을 맴돌기만 하고 아무런 결과가 없다. 두려움을 이기기 위해 자신이 지켜야 할 것이 무엇인지를 알아야 한다. 두려움이 많을 경우 너도 죽고 나도 죽자는 심정으로 움츠러들게 되고 비관적으로 살 수밖에 없다. 늘 움츠린 채로 살게 된다. 하고 싶은 말을 한다는 사람 중에 타인의 입장은 전혀 아랑곳하지 않고 자신의 입장만 쏟아붓고는 자신은 뒤끝이 없다는 사람이 있다. 그것은 하고 싶은 말을 제대로 하는 것이 아니라 화풀이를 하며 관계를 망치는 사람이다. 자기중심적인 사람인 경우 상대는 보이지 않기 때문에 자신의 감정만 해결하면 된다고 생각하는 것이다. 상대가 얼마나 힘든지를 모르는 것이다.

사람들은 가끔 주인공이 되고 싶어 한다. 그럴 때 주인공으로 만들어주기도 하면서 모두가 소중한 사람임을 덧붙이는 것이 필요하다. 자신만이 특별한 사람이 아니라 모두가 독특하고 특별하다는 사실을 알려주어야 한다. 어떤 때는 자신의 이야기만 하게 되는 경우도 있는데 그럴 때가 가끔 필요하기도 하다. 서로가 그런 때가 필요하다는 것을 인정하고 배려하며 다음에는 다른 사람의 필요를 채워주는 노력을 서로 해야 한다. 언제나 자신이 원하는 대로 모든 것을 움직이게 할 수 없다. 그런 기대가 큰 사람은 화가 많다. 화는 자신이 원하는 것이 무너지는 것 같을 때 나타나기 때문이다. 그 화는 모든 생각을 마비시킨다. 오직 자신만 생각할 수밖에 없다. 그렇기에 화가 난 사람에게 하고 싶은 말을 하면 더 화만 부추길 뿐 아무런 이야기도 오고갈 수 없다. 화가 난 누군가가 있다면 먼저 그 화에서 어떤 것이 무너졌는지를 들어주는 것이 우선이다. 그 화가 가라앉아야 비로소 무언가를 이야기할 수 있다. 하고 싶은 말을 제대로 하기 위해서는 상대의 감정 상태를 잘 이해하는 것이 필요하고, 먼저 적극적으로 듣고 상대가 말하고 싶은 것을 잘 파악하는 연습을 하면 자신이 말하고 싶은 것을 파악하는 데도 도움이 된다. 상대가 말하고 싶은 것을 알아주고 자신이 원하는 것을 분명하게 말할 때 제대로 표현이 되고 상대도 제대로 들을 수 있다.

+ 상위 1%의 말하기

① 상대가 들을 준비가 되어 있는지 확인 후
→ "10분(가능한 시간) 정도 이야기해도 될까요?"라고 물어본 후, 가능하면 핵심을 짧게 이야기한 후 보충 설명 혹은 상대방 생각을 묻기

관심 있는 말을 할 때
집중한다

상대방과 관련된 말을 하는가

　사람들은 자신과 얼마나 관련이 있고, 현재 자신에게 중요한 부분인가를 생각한 후, 상대방의 말에 집중하게 된다. 혹은 너무 재미있거나 감동적일 때 집중하게 된다. 어릴 때 아이들이 학교에서 과장되게 표현하거나 정확한 것이 아닌데도 자기 생각이 정확하다고 이야기하는 모습을 흔히 볼 수 있었다. 자신이 경험한 것, 들은 것이 전부라고 생각하기 때문이다. 분명하게 단정짓는 말투에서 아이들은 그 목소리의 힘을 믿기 시작하고 알고 있는 제대로 된 사실은 묵살된다. 나는 목소리가 크고 밀어붙이는 사람을 보면 어릴 때 고집스럽게 주장하는 아이들이 생각날 때가 있다. 나의 말이 진실임을 알게 되어도 여전히 사실보다는 보이고 들리는 것에 더 관심을 가지는 것을 보며, 보이는 것이 중요하다는 생각을 했다. 아이들일수록 보이는 것이 더 크게 느껴지지만 성인은 보이는 것과 보이지 않는 것 모두를 중요하게 여기고 신뢰할지 여부를 결정한다. 하지만 보이는 것이 먼저인 것은 성인도 마찬가지다. 그래서 보이는 모습과 태도는 중요하다.

집중되는 말은 분위기나 어조, 어투, 태도도 포함되기 때문에 자신을 점검하고 말하는 것은 집중시킬 때 도움이 된다. 한 번은 코칭을 하는데 고객이 실제 이슈가 아닌 이미 답을 가지고 있는 것을 이야기했다. 질문에 대해 생각하는 것을 힘들어해서 질문할 틈을 주지 않았다. 자신의 이야기를 듣기만 원하였다. 그럴 때는 질문보다는 듣는 것을 먼저 해야 한다. 들으면서 상대가 중요하게 생각하는 것이 무엇인지를 알고 이해하는 것이 필요하다. 자신이 중요하다고 생각한 것을 나눌 때 상대는 집중하게 된다. 먼저 집중해서 들어야 상대도 나의 말에 집중하게 된다. 말하는 자세가 집중에 영향을 미치게 된다. 자세를 바르게 하고 표정을 편안하게 하고 말을 하면 상대방은 집중한다. 산만하거나 표정이 어두운 상태로 말을 하면 집중이 잘 안된다. 상대방이 집중할 수 있도록 해주고 상대를 주인공인 듯 공손히 대하며 낮아지는 모습을 보이며 말할 때 상대도 말하는 사람에게 집중을 하게 된다. 나의 주장을 끝까지 또박또박 이야기한다고 상대가 집중하는 것은 아니다. 요즘 자기주장이 강한 사람이 너무 많다.

누가 말을 하든 겸손한 태도와 경청은 기본이다. 경청 후 자신의 말을 하는 것이다. 어떤 분은 자신의 말을 사람들이 전부 이해하기를 바라고 온전히 집중하기를 바라는 과한 기대를 하기도 하는데 그런 기대는 접어두는 것이 좋다. 누구나 들을 때 매번 온전히 집중하기 어렵다는 것을 알아야 한다. 상대가 계속 집중할 수 있다고 생각한다는 것은 욕심일 수 있다. 하지만 요점이나 핵심을 파악하는 것만으로도 잘 듣는 것이고, 말을 할 때 핵심만 전달해도 말을 잘하는 것이 된다. 어떤 분은 질문을 하면 대답이 아닌 자기가 하고 싶은 말을 계속한다. 그럴 때 누군가 함께 있다면 그 사람에게도 질문을 해서 의견을 물어보게 된다면 좀 더 집중해서 말을 할 수 있다. 간혹 세 사람이 이야기할 때 골고루 의견을 주고받기보다는 두 사람만 눈길을 주고받는 것을 보게 된다. 나는 그럴 때마다 시선을 받지 못하는 사람에게 의견을 물어봐주고 그를 대화에 끌어들인다. 말하는 사람이 시선을 주지 않으면 그 사람은 집중을 하지 않게 된다. 두 사람이든 세 사람이든 시선을 주고받는 것은 집중을 시키는 데 중요한 신호이다.

피드백을 하기 위해서 집중을 시켜야 할 때나 잘 듣게 하기 위해서는 긍정적인 피드백이 올 것이라는 기대감을 주어야 집중을 잘 하게 된다. 혹 부정적 피드백을 하게 되더라도 상하지 않게 하여 상대방이 자신을 위한 마음을 느낀다면 집중을 하게 된다. 상대에게 긍정적인 프레임을 씌워주게 되면 안정감을 느끼고 편안하게 집중하게 된다. 같은 표현이라 하더라도 "사람이 정신이 없어."라고 하기보다 "관심 분야가 다양해."라고 말하면 말하는 사람이나 듣는 사람 모두 안전하다고 느끼게 되어 의견이 다르더라도 쉽게 수용할 수 있게 된다.

반대 의견도 긍정적으로 받아들이고 표현하게 되면 공격적으로 느껴지지 않게 된다. "그렇게 하면 안 되지!"라고 하기보다는 "이렇게 한다면 이런 것은 좋고, 그런 것은 이런 것이 좋아."라고 방향을 긍정적 해결 방식으로 바꾸는 것이다. 긍정적 해결 방식으로 바꾸게 되면 추진력도 생기게 되어 실천하기가 쉽고 협력도 더 쉬워진다. 이런 방식은 기본적으로 상대방을 배려하려는 마음에서 시작되기 때문에 생각나는 대로 말을 하는 것이 아니다. 이런 방식의 말은 상대방의 입장에서 한 번 더 생각하는 태도에서 나온다.

상대방의 호기심을 끌 수 있는 이야기를 할 경우에도 집중이 잘된다. 상대방이 이야기하기를 좋아하는 사람이라면 자신의 의견을 이야기할 때 관련된 에피소드를 잘 연결시키는 것이 좋다. 자신만의 특별한 경험을 이야기하는 것도 집중에 도움이 된다. 다만 그 이야기와 관련된 무언가를 전달하기 위해서라는 것을 기억하고 전달하려는 핵심과 연결을 시켜야 한다.

먼저 관심을 가지면 집중한다

나의 스토리를 상대에게 이야기하게 되면 상대방은 나를 더 쉽게 이해하게 되고 더 가까워질 수 있다. 집중시키는 말은 관심을 가지고 말을 시키거나 작은 변화를 알아주게 되면 집중을 하게 된다. 나는 강의할 때 몇 주가 걸려도 이름을 잘 기억을 못 하는데 내가 아는 교수님 중 한 분은 100명 이상 되는 학생들의 이름을 모두 기억하고 있었다. 이름을 불렀을 때 학생들의 놀라는 표정이 생각난다. 그렇게 자신에게 관심을 가져주고 있다고 생각하게 되면 고마움에 태도가 바뀐다.

상대방은 자신에게 득이 되는 이야기에 집중을 하게 된다. 자신이 필요한 부분이나 도움이 되는 사람의 이야기나 좋아하는 사람의 이야기는 자신에게 득이 되기 때문에 집중을 하게 된다. 연애할 때 사랑하는 사람이기에 말에 대부분 집중을 하는 것과 같다. 그때는 경청도 잘하고 공감도 잘한다. 그러나 이내 익숙해지면 긴장감이 떨어져서 원래의 모습으로 자유롭게 돌아가 익숙한 말을 하거나 침묵하는 경우가 생긴다.

긍정적인 긴장감이 계속 유지되고 있는 부부를 본 적이 있다. 결혼한 지 15년차인데도 서로에 대해 설렘이 남아 있었고, 서로에 대해 경청과 공감이 결혼 전과 같이 유지가 되는 것을 보며 어떻게 그렇게 유지할 수 있냐고 물어본 적 있다. 부딪힐 때 부딪히더라도 서로를 아끼는 마음으로 해결 방법을 찾고 지속적인 노력을 하며 유지시킨다고 하였다. 우리는 편한 것 익숙한 것을 좋아한다. 상대가 자신을 받아주기를 바라며 자신에게 맞춰주기만 바란다면 행복한 부부가 될 수 없을 것이다. 사람의 기질은 타고난 것이지만 성격은 변할 수 있다고 한다. 사람의 성격이 변하지 않는 것이 아니라 변하고 싶어 하지 않는 것일 수도 있다. "꼭 바뀌어야만 하나요?"라고 할 수 있다. 서로 불편을 느끼고 마음이 상하게 하는 일들이 반복되다 보면 이전에 느꼈던 좋은 모습들이 모두 단점으로 보이고 부정적 생각에 빠지게 된다. 부정적인 관계에서는 서로의 말을 있는 그대로 듣지 않는다.

　집중시키는 말하기에서 중요한 것은 첫째, 상대방에게 필요한 말인지를 생각하는 것이고, 둘째, 상대방이 말을 하도록 참여시키는 것이며, 셋째, 상대방에게 도움이 되는 제안이나 말을 하는 것이다. 상대방 입장에서 무엇을 듣기 원하는지에 집중하고 말을 하게 되면 상대방은 나의 말에 집중을 할 것이고 호기심을 가지고 반응도 할 것이다.

① 상대의 관심 분야로 먼저 이야기를 시작한다

→ 상대가 책 읽는 것을 좋아한다면 어떤 책을 좋아하는지 물어볼 수 있다. 최근 좋은 일이 있는지, 하고 싶은 일이 있는지 물어볼 수 있다.

② 하고 싶은 말과 연관된 이야기를 한 후 핵심을 이야기한다

→ 상대의 입장에서 어떤 말을 들었을 때 핵심적인 이야기가 잘 들릴지 생각해본다.

6

리액션의
절묘한 타이밍을 잡아라

반응으로 생동감을 준다

반응을 바로 하는 분과 있으면 재미있고 생동감이 느껴진다. 잘 웃으며 반응이 좋으면 대화가 밝은 분위기가 되고 활기가 느껴진다. 어느 수업 중에 반응을 안 하는 분이 계셨다. 표정도 무뚝뚝하였다. 그러나 수업만 끝나면 나를 붙잡고 쉴 틈 없이 이야기를 하는 분이었다. 말을 할 때 배려가 없어서 아쉽긴 했지만 그녀 나름의 문제가 있었기에 이해했다. 말을 해도 표정 하나 바뀌지 않고 리액션이 전혀 없는 사람은 오랜만이었다. 그분은 부부 관계의 어려움을 겪고 있었는데 남편은 반응을 원하는데 아무 반응을 안 하는 것이 문제가 되어 갈등을 겪고 있다고 하였다.

반응을 안 하는 이유를 물어보니 반응을 해주면 왠지 손해 보는 것 같아서 못 해준다고 하였다. 신혼 때는 어땠는지 궁금했다. 신혼 때는 조금은 했다고 하였다. 그분은 반응에 대해 불편해하고 반응에 대한 부정적인 생각들을 하고 있었다. 부부로 살다 보니 의식적으로 예의를 갖추며 하는 모든 것들을 안 하게 되면서 반응도 사라지게 된 것이다. 남편이 특히 인정받고 싶어 자랑하는 것이 지긋지긋하고 피곤해서 더 반응하지 않는다고 하였다. 아이들에게는 반응을 하는지 물어보았으나 아이들에게는 버릇이 나빠질까 봐 안 한다고 하였다. 그리고 가족들이 자신의 반응 없는 것에 대해 불만이 있는 것도 불쾌해했다. 자신의 가장 편한 상태, 즉 혼자 살아가는 방식대로 살면서 인정해주고 받아들여주기를 바랐다.

사람이 함께 산다는 것은 누구와 살든 불편함을 감수하며 서로 양보하고 이해하는 부분이 있어야 하는데 자기 방식대로 이해받기만 바란다면 함께 사는 동안 계속 갈등한다. 자신의 있는 모습 그대로를 받아들여주는 것과 함부로 하는 것을 받아들여주는 것은 다르다. 함부로 하거나 조금도 성장의 욕구 없이 대충 살아가는 사람과 함께하며 그 모습을 받아들여주고 사랑해주기를 바란다면 상대는 어떨까? 그녀가 반응하거나 칭찬하게 되면 버릇이 나빠진다고 생각하는 이유가 뭘까? 아마 잘못된 칭찬으로 인해 전혀 맞지 않는 반응들의 경험을 했거나 반응이 없는 가정에서 자랐을 수도 있다. 그리고 반응을 하기 싫었던 것이다. 이유는 자세히 알 수 없었지만 짧게 이야기하며 반응의 중요성에 대해 알게 되었다며, 그분은 자신과 가족을 위해 반응을 시도해보기로 했다. 그녀 나름의 이유가 있겠지만 잘 시도하기를 바라는 마음에 응원을 보냈다.

리액션은 어떨 때 하는 것이 좋을까? 리액션도 표현이다. 언제 어떻게 리액션을 하는지가 중요하다. 리액션도 타이밍을 잘 찾아야 한다. 리액션을 잘 하기 위해서는 상대의 말에 경청을 해야만 가능하다. 가끔 홈쇼핑 방송을 보다가 청중석에서 감탄하는 듯한 리액션을 하는 것을 볼 때마다 웃음이 난다. 기계적인 반응임을 알면서도 반응을 안 하는 것보다 하는 것이 효과는 있다.

리액션을 하는 3가지 경우인 칭찬의 리액션과 거부의 리액션, 감탄의 리액션으로 나누어보면 좀 더 간단해질 것이다. 먼저 칭찬의 리액션에서 자신의 평소 모습보다 조금 더 톤을 높이고 밝게 표현해야 한다. 사람에 따라 내용에 따라 적절한 강도가 필요하다. 거부의 리액션은 단절하듯 하거나 잘라버리듯 반응을 하면 말하는 사람은 상처를 받게 된다. 감탄의 리액션도 마찬가지로 너무 과장하기보다는 조금 더 밝고 톤을 높여서 표현하는 것이 필요하고 잘 듣고 있다는 것을 알려주는 정도로 하는 것이 좋다.

그렇다면 언제 어떻게 하는 것이 좋을까? 먼저 칭찬의 리액션은 이야기를 들을 때, 잘한 부분에 대해 이야기를 하면 감탄의 리액션 정도를 하다가 끝나고 감탄으로 반응했던 그 부분에 대해 구체적인 칭찬을 해주게 되면 상대는 긍정적으로 받아들인다. 거부할 때의 리액션은 갑자기 끼어들기보다는 조용하지만 정중하게 "잠시만요."라고 한 다음 자신이 말할 틈이 생기고 상대가 기다려줄 때 부드럽게 거부해야 한다. 감탄의 리액션은 무언가 새로운 것을 제안하거나 상대방 입장에서 시도하는 것에 대해 관심을 가지고 있어야 하게 된다. 상대의 배려나 존중에 대한 태도와 마음에 대해 알지 못하면 감탄을 할 수 없다. 리액션을 할 때 감정이 잘 전달되므로 진심으로 자신의 일처럼 즐거워하고 감동해야 한다.

보여지는 리액션일 경우는 그렇지만 진심으로 감사할 때의 리액션은 어떻게 하는 것이 좋을까? 마찬가지로 3가지 경우로 보게 되면 먼저 긍정적인 리액션과 부정적 리액션과 침묵의 리액션으로 볼 수 있다. 먼저 긍정적 리액션으로 "감사합니다!"를 습관적으로 하는 사람일 경우 감사의 효과가 상대에게 깊이 다가가지 못할 수 있다. 눈을 보고 구체적인 한 가지 일에 대해 말을 하거나 살짝 포옹과 함께 한 가지 일에 대해 표현하는 것이 오히려 더 와닿을 수 있다.

부정적인 리액션을 해야 할 경우도 있다. 상대가 폭력적인 언어를 사용할 경우 "왜 그렇게 이야기 하세요?"라고 받아치기보다는 "안 좋은 일이 있으셨나보네요."라든지 "무슨 일 있으셨나 보네요?"라고 그 사람의 말과 감정을 알려주고 현재 관계로 가져오지 않는 반응을 해야 한다. 힘으로 관계를 맺는 사람은 힘으로 감정을 누르기 때문에 우선 감정이 진정되어야 한다. 마지막으로 침묵도 리액션이 될 수 있다. 공개적인 곳에서 타인의 잘못이나 나의 약점을 거리낌 없이 표현하는 것에 대해 반격하며 힘을 뺄 필요가 없다. 침묵으로 미소 지어 보인다고 사람들이 무시하지 않는다. 갈등이 심할 때도 침묵이 필요하다. 만나기만 하면 불평을 털어놓을 경우도 특별한 반응을 할 필요가 없다. 침묵으로 감정이 가라앉은 후 다른 화제로 돌리는 것이 때로는 필요하다.

들을 줄 알아야 반응을 할 수 있다

한 번은 리액션을 잘못해서 민망한 적이 있었다. 피곤한 하루를 보내고 사업 설명을 듣는 중 나는 경청을 하면서 반응을 하는 것까지는 좋았는데 그 후에 나에 대한 칭찬을 했는데 못 알아듣고 나도 모르게 습관적으로 "네, 그렇죠!"라고 해서 상대가 당황한 눈빛을 보인 적이있다. 잘 안 들리면 안들리는 대로 확인해야 하는데 순간적으로 놓치고 말았다. 순간 센스가 필요하다고 생각했지만 그냥 넘어가 아쉬웠던 적이 있다. 좋은 리액션은 언제나 바로 하는 것이 중요하다. 마음에 담아두고 다음에 해야지 하는 순간 이미 잘할 수 있는 기회를 차 버린다. 한 번은 문자를 보내는데 코칭을 하기 위해 인사를 했다. 상대는 읽었음에도 인사도 반응도 없었다. 이런 분들 중 생각만 많고 어떻게 반응하는지를 모르는 사람들인 경우가 있다. 그중 어떤 분은 관계를 잘 못하는 분이었고 자기 생각이 강한 분이었는데 문자는 도저히 할 수가 없다고 하였다. 문자로 흔적을 남기는 것도 싫어하였다. 관계에서 실수를 하지 않기 위해 아무것도 하지 않으려는 분이었던 것이다. 대부분의 사람은 되도록 실수를 하지 않으려고 한다. 그러나 실수를 해도 적절하게 해결하며 넘어간다. 하지만 실수가 용납되지 않는 사람도 있다. 실수를 하지 않는 사람으로 보이고 싶은지, 실수를 줄여가는 사람이고 싶은지에 따라 행동은 달라질 것이다.

리액션은 경청과 관련되어 있다. 경청이 안 될 때 리액션을 하게 되면 가식적이고 신뢰가 떨어지기 때문에 마음이 열리지 않는다. 어떤 분은 과하게 공감하는 습관을 가지고 있었다. 말이 채 끝나기도 전에 과장되게 공감하느라 바쁘신 분이었다. 그럴 때마다 사람들은 진실하지 않다고 오해를 하게 되었고 그분은 사람들에게 실망을 하였다. 자신은 최선을 다해 공감하고 맞춰주었는데 왜 그런지 모르겠다는 것이다. 나와 이야기할 때도 지나친 공감을 해서 그분의 스토리가 궁금했다. 이분은 할머니와 함께 자라면서 공감을 받지 못한 부분들에 대해 상처가 많다고 하였다. 공감을 적절한 때에 받지 못했고 부모가 하고 싶을 때만 공감을 해주었기 때문에 적절하게 공감해주는 사람들만 찾아다녔다. 그리고 공감을 받기 위해 자신이 먼저 리액션을 크게 하는 것이었다. 자신이 신호를 보내는 것이었다. 다른 사람의 이야기를 들을 때도 공감이 중요하다고 생각하기 때문에 온 몸과 목소리 톤을 높여 공감을 하였다. 가끔 그럴 수는 있지만 말하는 내내 그렇게 반응을 하다 보니 상대방은 '말을 계속해도 될까?'라는 생각이 들 정도였다. 과하게 할 수는 있지만 모든 말에 반응을 하는 것은 상대를 불편하게 한다. 이분은 자신에게 필요하고 중요하다고 생각하는 것에 집중되어 있었기 때문에 먼저 자신을 공감하고 충분히 공감받았다는 것을 알아야 했다.

리액션은 적절하게 하되 내용에 따라 강약을 조절하는 것이 필요하다. 강의할 때 자발적이지 않은 사람들이 모였을 때 사람들의 반응은 달라진다. 자발적으로 강의를 듣는 사람은 비용을 지불하면서도 정보나 도움을 얻고자 한다. 간절함이 있기에 반응도 좋다. 하지만 비자발적인 경우 반응은 많이 다르다. 모두 그런 것은 아니지만 반응은 외부 자극에 대해 자신이 느끼고 표현하는 것이다. 자신에게만 집중되어 자신의 잘못으로만 돌리는 사람인 경우 반응이 어렵다. 타인만 바라보며 사는 사람도 인정에 목말라 하다 보면 반응에 지칠 수 있다. 자신의 소리에 귀 기울이며 타인의 소리에도 관심을 가져야 자신에게도 환경이나 사람들에게도 반응을 할 수 있다. 반응에 유연하고 자유로운 사람이 되기를 원한다.

① 리액션을 평소보다 과장해서 할 필요가 있을 때

→ 환영 시, 축하할 때, 오랜만에 만나 반가움을 표현할 때

② 과도하지 않는 리액션이 필요할 때

→ 상대방의 핵심 단어와 감정에 맞게 반응한다.

7

요구 사항은
정확히 표현하라

요구 사항은 정확하게 간단히

요구 사항을 이야기할 때는 정확히 해야 한다. 요구 사항은 꼭 필요한 것을 청하는 것이다. 여러 가지를 이야기하게 되면 그 중에 자신이 기억하고 싶은 것이나 가장 꽂히는 것 하나만 기억할 수 있다. 요구 사항은 한 가지만 이야기하되 내가 말하려고 하는 것이 정확한가를 생각하고 요구하는 것이다. 상대가 어떤 요구를 했을 때 들어주고 싶을 때가 있고, 요구 사항을 듣기 싫을 때도 있다. 요구 사항이 많을 때는 무슨 생각으로 그렇게 많은 요구를 하는지 물어보고 싶을 정도다. 그렇다고 받아칠 수도 없고 기분이 상해서 흔쾌히 하고 싶지는 않다. 요구 사항이 애매할 때는 무슨 말을 하는지, 부탁인지 아닌지를 구분하기 어렵다.

　나는 어떤 일을 제안할 때 처음에는 어색하고 두려워했던 것 같다. 내 아이디어나 제안이 별로라고 생각하면 어떡하나 싶기도 하고 바로 거절 당할까 봐 걱정한 적이 있다. 하지만 나의 의견은 나의 의견일 뿐이란 생각으로 아이디어나 제안을 하기 시작했고, 거절당할 수 있다는 생각을 기본적으로 가지고 말을 하다 보니 편안해졌다. 요구를 해야 할 때 "상대방이 부담스러울까 봐 말을 못 하겠어요!"라고 하는 사람이 있다. 상대방이 부담스러워할까 봐 그런지, 자신에 대한 이미지가 좋지 않을까 봐인지, 표현 방법을 몰라 주저하고 있는지 구분해보는 것이 필요하다.

　직원에게 요구 사항을 정확히 전달하지 못하고 있는 분 중 요구 사항을 이야기하면 자신이 미안한 사람이 된다는 분이 있었다. 미안함을 갖게 되면 큰소리칠 수가 없어서 요구를 되도록 안 하려고 한다고 하였다. 요구를 못하는 것이 상대방에게 미안해서 못하는 경우에는 결국 자신을 압박하게 된다. 시간과 노력을 투자할 만한 요구인지 그럴 필요가 없는 요구인지에 따라 달라진다. 상대가 논리적이고 생각 중심인 사람에게 요구할 때는 숫자나 결과에 대해 명확하게 요구해야 한다. 그리고 감정이 중요한 사람인 경우는 친절한 분위기로 말을 해야 한다. 만약 자신의 요구가 절대 이루어질 수 없다고 느끼면 미련 없이 포기하는 것이 낫다.

나의 경우 어렸을 때 요구가 이루어지지 않을 것을 알고 쉽게 포기한 적이 있다. 어릴 때 아빠가 YMCA 창립 멤버로 활동을 하셨기 때문인지 우리 형제들에게 한 번의 캠프 혜택이 주어졌다. 4박 5일 어린이캠프를 보내 주었는데 나는 평소에도 YMCA에서 여러 가지를 배우는 언니, 오빠가 부러웠다. 다른 것은 포기해도 캠프는 너무 가고 싶어서 졸랐지만 엄마가 몸이 너무 약하고 어리다는 이유로 안 가는 대신 아이스크림 50개를 사주겠다고 제안했다. 나는 그렇게 많이 먹고 싶지는 않았다. 50개나 먹다니! 가고 싶었지만 그래도 나는 아이스크림을 선택했다. 엄마가 약속을 지켰는지 냉동실을 확인했지만 없었다. 나는 엄마에게 왜 아이스크림 50개 안 사놓았냐고 물었다. 그렇게 많이 먹고 싶지는 않았지만 약속은 지켜야 나도 보상을 받는 것이라고 생각했던 것 같다. 나의 요구에 엄마는 당황해했고 합의를 보려고 했지만 결과적으로 5개만 사주었다. 매일 요구할 수 없었기에 스스로 만족하기로 했던 것 같다. 그 경험을 한 후 약속은 쉽게 하는 것이 아니고 약속한 것은 꼭 지켜야겠다는 생각을 하게 된 것 같다. 그리고 요구를 할 때도 가능하지 않거나 꼭 원하지 않다면 빨리 포기하는 법을 알게 되었다

상대에게 요구를 할 때는 강요하듯 해서는 안 된다. 자신이 요구하는 사항은 자신이 지키고 싶은 가치일 수 있다. 자신이 지키고 싶은 가치가 있다면 자신이 지키면 된다. 사람들마다 중요한 것은 다르기 때문이다.

요구할 때 자유롭게 할 수 있는 분위기라면 요구를 어렵지 않게 할 수 있겠지만 요구조차 할 수 없는 분위기라면 자유롭게 표현하기는 어렵다. 요구도 연습하면 잘할 수 있다.

어떤 분은 어릴 때 부모님께 어떤 요구도 하지 못하며 자랐는데 성인이 되었고 여전히 정당한 요구조차 하지 못하며 힘들어하는 것을 보았다. 그분은 상대가 자신을 미워할까 봐 제대로 자신이 원하는 것을 요구하지 못하고 있었다. 미안함과 불편할 것이라는 전제하에 모든 요구 사항은 최소한으로 만들어갔다. 그러다 보니 최대한 참다가 요구하는 것임에도 거절을 받게 되었을 때 다른 사람보다 더 큰 실망감과 허망함을 느꼈다고 한다. 부모의 거절로 인해 오는 감정을 느끼고 싶지 않아서 부탁이나 요구 사항은 만들지 않았고 사람들의 부탁은 거의 들어주면서 상대방이 자신을 좋아하기를 바랐다. 적어도 나쁜 사람이라는 말은 듣고 싶어 하지 않았다. 부모의 거절로 인해 관계는 차가워졌고 거리감이 느껴지기 시작했던 것이다. 부모로부터 받은 거절감은 아이들마다 느끼는 것이 다양하다.

요구할 때 상대는 거절할 수 있다

어릴 때 나는 요구도 잘하는 아이였는데 언제부터인가 요구를 할 수 없게 되었다. 아무리 울어도 내 요구는 들어주지 않는 경험들을 했기에 요구에 대해 포기를 빠르게 했다. 설명이 필요한 중요한 이슈에 대해서는 충분히 알아주고 눈높이에 맞게 설명을 해주어야 한다. 아이의 이해도는 부모가 생각하는 것과는 다르다. 아이에게 침묵하는 것은 아이가 마음대로 생각하도록 만든다. 아빠의 죽음을 맞이한 나의 경우 충분한 설명이 필요했다. 비록 엄마의 마음이 아프고 함께 울게 된다 하더라도 살아 있고 살아가는 아이에게는 정서적으로 부모 모두를 잃지 않도록 해야 한다. 배우자가 죽었을 때 너무 슬퍼해서 눈치 보며 물어보지도 못하는 아이 입장은 남아 있는 엄마에 대해서도 거리감을 느끼게 되고 죽은 사람이 더 중요하다고 생각할 수 있다. 난 그랬다. 살아 있는 나보다 죽은 사람이 더 중요하고 어른의 감정이 더 중요해 보였다. 나 같은 아이는 어떤 마음이든 어떤 생각이든 알아서 해야 한다는 생각으로 감정적 수용을 받고 싶은 것을 요구하지도 못했다. 아이는 감정 처리를 단순히 할 수도 있지만 큰일이 있을 때는 자신도 감당하기 어렵다.

나는 죽음을 실제로 받아들이기가 어려웠다. 나는 생각이 정리가 되지 않았고 현실을 받아들일 만큼 사실에 대해 자세히 듣지 못했고 아무것도 모른 채 남의 집에 맡겨진 상황이었기에 버림받은 느낌은 쉽게 들었다. 남의 집에 맡겨졌다가 다시 돌아온 집은 나의 집으로 느껴지지 않았다. 집으로 돌아오고 싶어 매일 울어서 돌아오기는 했지만 나 혼자만 어딘가에 맡겨졌다가 왔을 때 손님 느낌이 들었다. 형제들도 아무 일 없었던 것처럼 대하는 것이 '오히려 나는 이 가족에 속하는 걸까?'라는 생각을 하게 되었다. 나의 집인데도 적응을 해야 했다. 그리고 내 마음은 차가워지기 시작했고 가족과도 거리를 두기 시작했다.

나의 요구가 거절당했을 때 작은 것부터 큰 것까지 나는 영향을 받았다. 요구 사항을 정확히 잘 표현하기까지 나는 어색함과 불편함을 내가 깨뜨려야 했다. 나 스스로 이해하고 공감하는 시간들을 가졌고 많이 울고 이해하고 웃으며 넘어간 것 같다. 나를 이해하며 다른 사람을 이해하는 과정을 거치는 것이 중요한 의미가 있다는 것도 알게 되었다.

요구 사항을 정확히 표현하는 것이 쉽지 않은 이유는 여러 가지가 있겠지만 제대로 표현하려면 자신이 무엇을 말하고 싶은지를 정확히 알아야 하며 마음의 불편함을 넘어서야 한다. 구체적으로 요구 사항을 2가지, 3가지로 나누는 연습을 한다면 무엇을 요구할 것인지를 좀 더 잘 알게 된다. 요구 사항을 듣는 사람의 입장에서도 정확하게 들을 수 있게 되어 시간 낭비를 하지 않게 된다. 요구할 때 "저~"라고 말하기 시작하면 "설명 필요 없고 결론만 말해 봐. 원하는 게 뭐야?"라는 말을 들을 수 있다. 상대에게 맞추기 위해 정리하고 결론부터 이야기하는 것이 아니다. 자신이 요구하는 것의 이유를 정확히 알고 어떻게 해주기를 원하는지 알아야 결론부터 이야기할 수 있다. 요구 사항이 있을 때는 자신의 기대에 맞추어서 요구를 하는 것이 아니라 현실적으로 가능한 것인지 적절한 것인지 먼저 알아야 한다.

+ 상위 1%의 말하기

① 요구 사항이 있을 때
→ 숫자로 정확하게 표현하기. 구체적으로 가능한 한 가지만 요구하기

8

말투의 강약을
조절하라

.

말의 내용에 영향을 주는 말투

말투를 가볍게 생각할 수가 없다. 말투로 사람들은 영향을 많이 주고 받기 때문이다. 말투는 말의 기술과 함께 상대방의 마음을 움직이게 하는 힘이 있다. 어떤 말을 할 때 무엇을 말할까도 중요하지만 어떻게 말을 할까도 중요하다. 상대가 들으면 기분이 어떨까를 생각하기도 하고 말을 하는 사람의 입장에서도 잘 전달하기 위해 고민을 하는 부분이다. 말의 내용보다 따뜻한 말투 하나로 어눌한 말솜씨를 넘어서 좋은 이미지를 남길 수 있다. 강사 중에 말을 너무나 잘하시는 분이 있는데 말투가 차갑고 거리감이 느껴졌다. 말의 내용은 좋지만 말투가 너무 강하게 느껴질 때는 그분의 말 내용이 어떠하든 더 이상 듣고 싶은 마음이 사라지게 된다.

사람은 기분에 따라서 말투가 달라지기도 한다. 항상 똑같은 말투를 유지하면 좋겠지만 그리 쉬운 일은 아니다. 그래서 감정을 잘 조절하는 것은 중요하다. 감정 조절이 하루아침에 연습한다고 되는 것은 아니지만 자신의 감정으로 인해 자신이나 주변 사람들에게 악영향을 미치게 된다면 자신의 감정을 살펴봐야 한다. 자신의 상태에 대해 모르고 있을 경우도 있기 때문이다. 사람들마다 자신만의 말투가 있다. 말투가 강한 사람이 계속 같은 톤으로 말을 하다 보면 전반적으로 강한 느낌이 든다. 그리고 뭘 강조하고 싶은지를 모를 수 있다. 말투를 바꾸기보다 말의 내용과 강약을 주어서 잘 들리게 하는 것이 필요하다. 말투에 대해 먼저 알고 노력해서 변화해야 좋은 이미지를 주고 자신의 진정성을 제대로 표현할 수 있다.

말투는 영향이 작아 보이지만 관계에서 큰 차이를 일으키는 부분이다. 사소하다고 생각하는 것이 오히려 중요할 때가 있다는 것은 누구나 알고 있다. 우리는 사람들의 전체를 볼 수 없기에 사소한 모습에서 판단하는 경향이 크다. 사소한 것에 감동을 주게 되면 말이 어눌해도 사람이 좋아 보인다는 것은 어쩔 수 없는 우리의 마음이다. 나는 아나운서처럼 말하고 싶다고 생각한 적이 있다. 승무원이나 아나운서들의 우아하면서도 기품 있어 보이고 깍듯한 태도와 정돈된 말투는 배우고 싶었다. 주변의 아나운서 출신 지인들에게 몇 가지 도움을 받긴 했지만 나와는 맞지 않아서 나의 모습대로 표현하기로 했다. 하지만 말투나 태도나 작은 테크닉을 배우는 것은 자신의 진실이 왜곡되지 않고 오해받지 않게 하기 위해 필요한 요소라고 생각한다.

나는 내가 하는 말을 녹음해서 들어본 적이 있는데 강약이 없이 말을 할 때는 듣는 입장에서는 지루해지겠다는 생각이 들었다. 내가 중요하게 생각하는 부분이 잘 들리는지를 알아야 상대가 중요한 것만 들어도 내 말을 이해할 수 있도록 나의 말투에 변화를 주어야 한다고 생각했다. 사람들의 말을 들을 때 강조하고 싶은 말도 강약 없이 하기에 전반적으로 밋밋한 내용으로 들리는 경우가 있다. 그럴 때 표정이나 다른 몸의 언어까지 살펴서 해석을 하는데, 목소리만 내야 하는 경우가 대부분인 사람들은 특히 강약 조절이 중요한 만큼 그것을 위해 노력한다. 어떻게 조절하는 것이 잘 들릴까? 말의 속도를 조절하는 것도 한 방법이다. 자신의 속도를 아는 것도 필요한데 어떤 분은 말하는 내용이 너무 좋은데도 속도가 빨라서 내용을 놓치게 되는 경우도 있다.

나도 어떤 모임을 갔을 때 열심히 말했음에도 상대가 못 알아들어서 당황한 적이 있다. 확인을 해보니 입을 크게 벌리지 않고 목소리가 안으로 들어가는 것을 알게 되었다. 말을 던지듯이 하는 것이 아니라 너무 안으로 들어가서 나는 잘 들리지만 상대는 귀를 기울여야만 들리는 것을 알고 입을 크게 벌리는 연습도 하였다. 말을 할 때마다 모든 것을 적용할 수는 없지만 내 목소리에도 신경을 쓰다 보면 나를 변화시키기 위해 노력하게 된다.

말투는 마음의 습관에서 나온다

말투는 어떤가? 말투는 상황이나 상대에 따라 달라지는데 기분에 많이 좌우되는 편이다. 그러나 기분과 상관없이 무례한 말투로 말하는 사람도 있다. 무례한 말투를 가진 사람 중에 따뜻한 마음을 가진 사람도 있고 말투가 정중해도 마음은 차가운 사람을 본 적도 있다. 말투가 사람의 전부를 나타내는 것은 아니지만 무례하거나 강한 말투를 한다면 주변 사람들이 불편해하는 것을 느낄 것이다. 자신에게 무례하게 하거나 강하게 말하는 사람을 보면 어떻게 대응하면 좋을까? 나의 경우는 아들이나 남편이 내가 불편한 말투를 하면 바로 알려주기 때문에 감사하다. 불편한 것을 들을 수 있어야 자신을 잘 아는 사람이 말을 해줄 수 있다.

예전에 목소리 자체는 여성스러운데 귀여운 듯한 말투로 이야기하는 분을 보았다. 귀엽게 애교부리는 듯한 행동과 말투는 아이 같았다. 자신도 모르게 어린아이처럼 사람들에게 반응하는 것이었다. 사람들은 그분과 이야기하는 것을 힘들어했다. 공감을 안 해주면 말도 안 한다는 것이다. 그분이 기분 상하면 기분을 풀기 위해 써야 하는 시간이 너무 괴롭다는 것이었다. 그분을 만나보았는데 자신은 부모로부터 인정받지 못해서 늘 어린아이처럼 귀여움을 받아보고 싶다는 것이었다. 자신이 원하는 것을 얻기 위해 다른 사람의 입장에서 생각하지 못하는 것은 자신의 문제에 너무 집착하고 있기 때문이었다. 자신이 원하는 인정을 다른 방식으로 바꾸도록 하는 것이 필요했다. 내면의 깊은 곳에서 아이처럼 말하면 사람들이 귀여워서라도 원하는 것을 해줄 것이라고 생각했다고 한다. 사람들이 귀여워하면 가장 행복하다는 것이었다. 더 이상 어른이 되고 싶지 않은 마음도 가지고 있었다. 어른이 된다는 것은 괴로운 일이라고 생각하며 아이처럼 사랑만 받고 싶어 했다. 그 욕구를 놓기 위해 많은 노력이 필요했다.

성장은 고통이 따를 수도 있지만 그 고통 뒤에 오는 기쁨과 행복감은 더 성장하고 싶은 욕구로 이어진다. 그리고 성장할수록 자유로울 수 있다는 것을 반복하며 경험하는 것이 필요했다. 말투를 꼭 바꿀 필요는 없지만 아이 같은 마음을 내려놓으면 아이의 말투가 오히려 상대에게 편안한 느낌을 줄 수 있다. 말투의 강약에 있어서 사람들이 자신이 강조하고 싶지 않은 내용에 강하게 표현하는 것도 있다. 중요하지 않은 것 같은데도 강조하거나 강한 말투를 사용하면 그 말에 중요도가 실리게 된다. 그리고 정작 중요한 핵심이 들리지 않게 되어 시간을 많이 소요하게 된다. 말투는 자신의 마음이 담겨 있는 경우가 대부분인데, 마음과 달리 습관적이거나 자신도 모르는 과거의 문제나 현재 상태에 따라 말투의 강약이 바뀔 수 있기에 말투를 잘 살펴봐야 한다.

사람들 중에 자신만 특별하다고 여기는 경향이 있어서 자신이 말하는 것이 중요하다고 생각하고 가르치려는 사람들이 있다. 어떤 분은 말만 하면 자신의 주장은 처음부터 끝까지 중요하다고 여기기에 언제나 가르치는 말투로 인상을 쓰며 말을 한다. 그분은 자신보다 연장자에게는 주눅드는 말투로 바뀌는 것을 보았다. 보수적인 집안에서 자랐고 권위에 순종하는 환경이었다. 형제들 모두 성격이 다양했는데 중간이었기에 형에게 밀리고 동생에게 불만이 생겨서 눈치보며 형 말은 동의를 하는 편이고 동생에게는 가르치려하는 분이었다. 형에게 알게 모르게 받은 압박과 스트레스를 동생에게 풀며 자랐다. 중간 역할이 쉽지 않았던 분이다. 결혼해서도 아내와 본가 어른들과의 입장에서 아내를 압박하며 본가에 따르도록 강압적으로 대하고 있었다. 아내는 남편이 어른들에게 잘 하는 모습과 형제간의 우애가 보기 좋아서 결혼해도 행복할 것이라 여겼지만 자신에게 강압적으로 대하는 모습과 늘 가르치려는 모습에 숨이 막힌다고 하였다. 남편은 말로 직접적으로 공격하는 것은 아니었지만 말투에서 상대를 누르는 말투를 쓰고 있었다. 그 말투는 어릴 때 동생을 눌러 자신의 말을 따르게 하게 하려 시작했던 방법인데 아내에게 자신도 모르게 나오는 말투였기에 아내는 숨이 막힌 것이다. 말투 하나로 분위기가 달라진다.

+ 상위 1%의 말하기

① 말투가 강해야 할 때
→ 강조하고 싶은 단어가 있을 때.
② 말투가 약해야 할 때
→ 상대방의 상태를 알고 싶을 때, 공감이 필요하거나 위로가 필요할 때.

5 장

말
잘하는
사람이
인정받는다

1

말투가 달라지면
관계가 변한다

태도는 말투를 바꾼다

사람들은 말의 내용에 앞서 목소리나, 말투에서 그 사람의 이미지를 떠올리게 되고 성격을 추측한다. 가장 먼저 말투에 영향을 받게 된다. 방금 커피숍에 무리가 들어와 한 분이 커피를 사주겠다며 뭘 마실지 물어보는 데 뭘 물어보냐고 비아냥거린다. "커피집이면 커피를 마셔야지!"라고 말한다. 비아냥대는 말투로 사주려는 분의 기분이 나쁠 것 같았다. 그전에 무슨 일이 있었거나 원래 그런 말투인지는 모르지만 말이다. 가끔 거친 말을 유머라 생각하고 말을 하는 분도 있다. 사람들이 웃어주기에 계속 그 말투를 하게 되는데 들을 때 왜 웃는지 물어보면 기분이 좋아서 웃는 것이 아니라 같은 동료이기에 웃는 것이라고 하였다. 지금은 그렇지 않지만 과거에 나도 상대방의 말에 어떻게 반응할지 모를 때는 웃음으로 넘겼다.

말투가 긍정적인 분들도 있다. 그런 사람과는 좋은 관계를 계속 맺게 된다. 긍정적이든 부정적이든 말투에서 전해지는 감정에 사람들이 영향받기에 목소리를 높이지 않고 긍정적인 감정을 유지하며 자신이 원하는 말을 전할 때 관계는 달라질 수 있다. 말을 잘하는 사람들은 중요한 말을 할 때는 더 정확하게 하는 편이다. 어떨 때는 조심스러운 말투로 이야기할 때가 있다. 담담하게 말을 하다가 조심스럽게 말을 하면 상대방도 조심스럽게 받아들이게 된다. 내가 조심스럽게 말을 할 때는 말하는 사람이 상대방에게 도움이 되거나 중요한 내용인데 상처받지 않기를 바랄 때 당당하지만 조심스럽게 말하는 편이다. 진심이 잘 전달되기를 바라는 마음에서 전달하는 것은 상대가 그대로 받는다.

어떤 분은 엄마의 강압적인 태도에 불만이 있었지만 표현을 하지 못하고 반항심이 생겼다고 한다. 모든 감정을 죽이며 살기로 하고 무슨 말도 듣기 싫어서 사춘기 시절 내내 "싫어!"라는 말을 달고 살았다고 한다. 그분의 엄마는 그런 딸의 태도에 우리 딸은 싸가지가 없다며 동네에 소문을 내기 시작했고 딸을 늘 비난했다고 한다. 그분은 엄마의 그런 행동에 마음이 상한 적이 많았다고 하였지만, 그분의 엄마는 기억을 하지 못하신다고 속상해하였다. 대부분의 사람은 상처를 주기 위한 의도가 아니기 때문에 자신이 준 상처는 거의 기억을 못 한다. 그 당시 그분은 싸가지가 없다는 말을 듣는 것을 가장 싫어하게 되었다. 그 말을 듣지 않기 위해 예의를 중요시했고 다른 사람이 듣기 싫어할 만한 말은 안 하게 되었다고 한다. 말을 참고 있을 때 관계보다 할 말을 하는 지금이 사람과의 관계가 더 좋아졌고, 과거의 좋지 않은 관계는 멀어졌지만 더 좋은 사람들과의 만남과 관계를 맺게 되었다고 한다.

한 번은 부모 교육을 하면서 부모들이 어린 자녀들과 이야기하는 것을 보았는데 대부분의 부모가 아기 말투로 이야기를 하고 있었다. 자신도 모르게 아이와 맞추다 보니 자연스럽게 나오는 말투이다. 보기에는 눈높이에 맞추는 것 같지만 그런 말투로 하다 보면 자신의 수준을 낮추게 되는 것이다. 엄마의 자리에서 아이의 자리로 가서 서로 싸우기도 하는 모습을 본다. 엄마의 위치에서 눈높이를 맞추는 사람을 본 적이 있는데, 아이의 감정에 함께 느끼고 반응도 잘해주지만 밝고 안정감 있게 말을 부드럽고 따뜻하게 엄마의 모습을 지닌 채 눈높이 대화를 하고 있었다. 예를 들면 아이 말투로 하는 분은 "그랬쪄? 엄마는 싫어! 힝~" 등의 말투로 이야기를 한다면, 엄마의 모습 그대로 눈높이를 맞추시는 분은 "그랬구나. 엄마는 지금은 하고 싶지 않네." 그리고 안아주는 모습을 보이는 것이다. 연인 사이도 아이 말투로 바뀌는 분들이 많은데 상대가 부모 역할을 해주길 바라는 때에 그렇게 말투가 나오기도 한다. 자신의 말투가 자신의 현재 상태일 수 있으니 한 번쯤 생각해보면 좋을 것 같다.

말투가 달라지면 관계가 좋아지거나 나빠지거나 서먹해지거나 다양하게 변하겠지만 어떤 관계를 맺고 있느냐에 따라 말투가 바뀌기도 한다. 내가 속한 곳에서 어떤 말들을 하는지 어떤 말투를 쓰는지를 보면 자신도 그와 비슷한 말투를 쓰고 있고 그런 사람들과 같은 수준이라는 것을 알 것이다. 자신이 속한 곳이 어느 곳이든 본인이 선택한 곳이라면 더욱 그렇다. 지나치게 부정적인 사람은 강하게 긍정적인 것에 끌리듯 극단의 것에 끌리기도 한다. 극단은 다르지만 비슷한 수준의 사람들이기도 하다. 중간을 유연하게 오갈 수 있는 것이 균형 잡힌 모습인데 극단은 그런 부분을 인정하지 못한다. 말투도 단정적이고 관계도 맺거나 끊어버린다. 때와 상황을 무시하는 사람들은 관계를 맺을 때 유연성이 부족할 수 있다. 말을 할 때도 옳고 그름만을 따지고 강하게 주장하는 사람들은 다양한 의견은 수용하지 않는다. 물론 분명하게 해야 할 부분이 있다면 분명히 할 필요는 있다. 중간 부분을 무시하며 회색지대에 대한 부정적 의견을 내세우기도 한다. 미지근한 상태를 비난하며 강한 것만 좋은 것이라고 주장하기도 한다.

자신에게 대하듯 상대에게 대한다

   나는 자기 신뢰를 갖고 유연하게 살아가라고 말할 때가 있다. "신뢰를 가지고 유연할 수 있나요?"라고 말하는 분도 있었다. 자기 신뢰를 하는 사람은 조급하거나 자기주장에 목숨 걸지 않는다. 어떤 분 중 늘 균형을 중요시하며 자신은 언제나 평안하다고 하는 분이 있었는데 말투는 강했다. 인상을 쓰며 강하게 안정을 강조하는 여성분이었다. 그분은 자신의 불안의 크기만큼 평안하다고 되뇌고 있었다. 말투는 상대를 무시하는 듯한 말투였다. 나는 정말 평안하신지 궁금해서 물어보았다. 그분이 가지고 있는 생각을 들으며 평안하고 싶은 사람이지만 평안한 사람은 아니었다는 것을 알았다. 자신이 스스로에게 바라는 것일 뿐이었다. 자신에 대한 신뢰가 없었기에 더욱 불안해보였고 그런 자신을 인정하지 못하고 무시하고 있었다. 그분은 점차 자신의 약함을 인정하면서 말투도 바뀌어져 갔고 평안을 강조하지 않게 되었다. 지나치게 강조하고 있는 것이 있다면 그것은 자신이 부족하다고 생각하는 것이기에 계속 강조하고 있을 수 있다.

   자신과의 관계가 좋으면 사소한 말이 줄어들고 강요하는 말투가 사라진다. 자신에게 정성을 다하며 사소한 말투 하나라는 듯 가볍게 여기지 않길 바란다. 강의를 갈 때마다 나는 내 마음을 먼저 살펴본다. 목소리를 점검하고 마음이 느껴지는 말투를 내가 먼저 들어보며 점검한다. 내가 나를 어떻게 인식하는가에 따라 말투가 자연스럽게 나오기 때문이다. 아무리 새로운 교육들이 나온다고 해도 새로운 지식이 많이 쌓인다고 해도 자신의 프레임이 낡고 경직되어 있고 작다면 변해야 할 때이다. 새로운 프레임으로 바꾸어야 새로운 지식도 잘 어우러질 것이다. 말보다 말속에 담겨 있는 것에 따라 말투가 달라지므로 변화된 긍정적 프레임으로 해석을 하게 된다면 타인의 잘못이 아니라 자신의 프레임이 바뀌어야 함을 인정할 수 있을 것이다.

변화를 꿈꾸는 사람은 방향을 볼 수 있기 때문에 어느 방향으로 나아가야 할지를 아는 사람이다. 변화를 싫어하는 사람은 땀을 흘리지 않고 누워서 떨어지는 과일만 먹겠다는 사람이다. 어떤 분은 자신은 몸이 약해서 해야 할 일을 못한다는 말을 자주 하며 자신에 대해 무책임한 모습을 보이는 사람이 있었다. 그분은 상대방이 자신을 이해해주어야만 안심을 하는 사람이었다. 자기 자신과 그렇게 타협하고 사는 분이었다. 자신과의 타협을 멈추고 화해의 손을 잡아야 했다. 결과적으로 약해서 못한다는 핑계의 말이 멈추고 책임감이 없는 자신을 이해하고 받아들일 수 있게 되었다. 책임감에서 벗어나고 싶은 욕구는 징징대는 듯한 말투에서 그대로 드러났다. 자신을 인정하기 어려워했지만 그것이 자신을 위한 것이었기에 건강한 방향으로 이동하기로 했고 자신과의 관계가 변하게 되어 말투가 달라졌던 것이다. 자신을 들여다보는 것이 중요한 이유는 내면의 힘이 있어야 외부를 제대로 바라볼 수 있기 때문이다. 몸이 아픈 사람이 여행을 다닐 수 없듯이 아픈 사람이 다른 아픈 환자를 간호하고 돌보기 어려운 것과 같다고 생각하면 된다. 함께 잘 살기 위해 자신을 돌아보는 것이다. 건강한 한 사람 한 사람이 모여 각자의 독특하고 고유한 특성을 서로 인정하는 관계는 서로를 아끼는 풍성한 만남이 될 것이다.

+ 상위 1%의 말하기

① 현재 나의 말투를 점검하기
② 현재의 말투가 평소와 다르다면 어떤 것을 원하고 있는지 살펴보기

말 한마디로
좋은 사람으로 기억된다

가까운 사람에게 하는 말 한마디의 영향

우리는 관계가 먼 사람에게도 깊은 상처를 받을 수 있지만 깊은 상처는 가까운 사람에게 받은 상처일 가능성이 크다. 말은 꼭 언어만이 아니라 눈빛, 표정 등을 포함하기 때문에 우리의 몸가짐에서 좋은 사람의 인상을 남길 수 있다. 가까운 사람과 관계를 잘 맺고 상처가 있다면 바로 해결해나가는 힘이 있어야 하지만 어떤 한마디가 어릴 때부터 받아온 상처라면 쉽게 무너질 수 있다. 그 말 한마디에 공격받는 느낌이 들어도 가족이기에 화를 내다가 마는 경우도 있고 지긋지긋하지만 넘어가기 일쑤다. 원인은 가까운 사람인데 엉뚱한 사람에게 화살이 돌아가거나 잘 모르는 사람인데도 갑자기 비난하는 경우를 보게 된다. 예를 들면 회사에서 짜증이 났지만 집에 오니 아내의 표정이 무거워 보이며 집안일을 시킬 때의 말 한마디가 자극이 되어 아내의 말로 인한 짜증 이상으로 화를 내거나 집을 나가서 술을 마시게 된다. 그리고 아내는 남편에게 생긴 화를 잘 놀고 있는 아이에게 "내일 학교 갈 것 준비 다 했어? 숙제는? 빨리 잘 준비해!!"라며 엉뚱하게 화를 낼 수 있는 것이다.

나는 코치가 되려는 사람들이 시험을 칠 때 심사를 하는데, 오랫동안 많은 사람들을 심사하면서 피드백하며 떨어뜨려야 하는 안타까운 일들도 생기게 된다. 여러 경우가 많았지만 모두 나와는 개인적으로는 관련이 없는 모르는 사람들이다. 한 번은 시험에 떨어진 분이 떨어뜨렸다는 이유로 나의 심사 결과를 비난하기 시작했다. 자신이 너무 잘했는데 왜 떨어뜨리느냐고 항의가 심했다. 그분은 오랫동안 상담을 하신 분이었지만 시험에서 코칭 시연을 할 때는 코칭을 하지 않고 공감만 하고 끝났기에 떨어졌다. 이분은 감정이 중요한 분이었기에 공감을 한 후 이유를 한마디로 말해주었다. 결과에 상처받고 공감 한마디로 위로받았지만 자신이 왜 쉽게 상대를 비난하는지를 알기를 바랄 뿐이었다. 사람들은 문자나 SNS를 통한 소통, 유튜브를 통한 소통은 잘 하지만 대면해서 이야기하는 것을 어려워하는 사람도 있다. 소통의 방법은 다양해졌고 소통의 속도도 엄청나게 빨라졌음에도 진정한 연결은 어려운 것이 현실이다. 아무리 문자나 글로 관계를 잘 맺어도 직접 만나서 소통이 잘 이루어져야 관계가 형성이 잘 되는데 글이나 문자는 정리가 되고 수정 가능하지만 만나게 되면 적절한 선을 두기 어렵고 어디까지 이야기해야 하는지 고민도 하게 되기 때문이다.

 말 한마디를 잘하는 것이 중요한 것은 스트레스 상황에서 말 한마디로 실수가 일어날 수 있다. 한 번은 사람들에게 스트레스를 너무 많이 받아 나도 모르게 나의 표정은 많이 굳어지고 어두웠을 것이다. 그런 중에 나에게 다가와서 일을 간섭하고 자신의 신세한탄을 하는 사람이 있었다. 나의 상태는 말을 들을 수 없는 상태였지만 상대는 막무가내로 이야기를 했다. 나의 표정은 스트레스를 받은 상태의 어두운 표정으로 바뀌었고 말은 실수할 것 같아서 되도록 침묵했지만 이미 표정으로 상대방은 자신에게 집중이 안 된다는 것을 알았을 것이다. 표정과 달리 공감하는 모습은 그분도 와닿지 않았을 것이다. 이때 다행히 상대의 불편한 표정을 보고 나의 상태를 인식했다. "오늘은 제가 마음이 복잡해서 이야기에 집중하기 어려워서 깊은 공감을 못 해주었네요. 미안합니다."라고 했다. 스트레스 상황이 많을 때는 자신도 모르게 던진 말 한마디나 표정이나 태도들이 상대방 입장에서는 지금까지 느꼈던 사람과는 다른 사람으로 느껴질 수 있다. 어떤 사람도 언제나 경청하고 기다리고 배려하는 것은 있을 수가 없다. 자신을 관리하지 못하는 사람은 더욱 힘들 것이다. 자신의 상태만 알고 있어도 상대방에게 알려줄 수 있고 상대는 그런 솔직한 표현을 오히려 신뢰하게 된다.

상대가 논쟁하려 하더라도 말의 핵심을 파악하고 있으면 그 중심을 잃지 않을 것이다. 나는 어릴 때 해수욕장에서 길을 잃어버린 적이 있다. 그 넓은 해수욕장에서 많은 사람들 틈에서 막막했다. 처음에는 사람들에게 물어보며 넓고 복잡한 해수욕장을 계속 뱅글뱅글 돌기만 했다. 이러다가 나 혼자 남게 될 것 같고 나만 남겨두고 모두 가버릴 것 같아서 무서웠다. 이렇게 복잡한 곳에서 화장실을 혼자 다녀오라고 보내다니 엄마는 '나를 귀찮아하는구나' 생각하며 화가 나 있었지만 엄마를 빨리 찾고 싶었다. 시간이 지나면서 나를 찾고 있지 않는 것 같은 생각이 들었다. 찾기 시작했으면 방송이라도 하든지 온 친척을 동원해서 찾아야지 내가 없어져도 모르는 건가? 갑자기 자존심이 상했다. 그래서 만약 찾게 된다면 화장실 갔다가 가는 길이었다고 아무렇지도 않은 척해야겠다는 다짐을 했다. 이상하게 자존심이 상했고 차가워지고 싶었다. 내가 그렇게 혼자 헤매는 것이 싫었고 나를 찾지 않는다고 믿으니 비참해지기 시작했다. 어린 나의 마음에 들어온 부정적인 한마디는 존재감도 약하게 만들고 상대방에 대한 신뢰마저 차단해버리는 무서운 말 한마디였다. 그러다가 몇 시간이나 흐른 것 같았다. 갑자기 앞에서 엄마가 나타났다. 나는 너무 지쳐 있었지만 어색하게 서 있었다. 엄마는 나를 보며 반갑게 안지 않고 주춤했다. 그리고 어색하게 함께 갔다. 엄마도 그냥 지나다니다가 나를 발견한 것이구나 하고 나의 부정적 생각에 대해 확신하게 되었다. 나도 감정을 숨겼지만 엄마도 자신의 감정을 숨겼고 우리는 서로 그렇게 알게 모르게 차가운 감정의 유리벽이 생겼고 친밀감이 떨어지기 시작했다. 엄마랑 우리가 있던 자리로 갔지만 아무도 나를 찾고 있었다는 느낌을 받지 못해서 나는 서러운 눈물을 삼켰다. 그리고 다시는 나의 감정을 표현하지 않고 살겠다고 결심했다. 나는 나중에 기회가 되어서 해수욕장 사건을 물어볼 수 있었다. 엄마는 그때 나를 잃어버렸다는 생각에 앞이 깜깜했다고 했다. 그런데 나를 보는 순간 반갑고 놀랐지만 내가 아무렇지도 않는 모습에 너무 어이없고 당황해서 아무 말도 하지 못했다고 했다. 아이가 먼저 와서 울면서 안겨야 한다고 생각했겠지만, 몸과 마음이 너무 지친 나는 이미 냉담한 상태가 되어버렸기 때문에 차가움과 어색함에 불편했던 것이다.

사랑은 자존심이 아닌 진심을 전달한다

제대로 된 관계를 맺으려면 자신의 자존심을 내려놓아야 한다. 엄마가 아이와 같은 감정 상태로 있게 되면 관계의 통로가 막힌다. 아이가 어떻든 엄마 자신도 감정에 솔직해져야 한다. 아이의 상처는 엄마의 사랑의 품에서 해결되기 때문이다. 해수욕장에서의 한마디는 엄마에 대해 완전히 다른 시각을 가지게 되었다. 엄마의 애타게 찾았던 심정을 들은 후 차가운 엄마에서 사랑이 많은 엄마로 변신하게 되었던 것이다. 나의 부정적 한마디가 사실적으로 바뀐 것이다. 나를 찾기 위해 급하게 친척 어른들을 불러서 양쪽 끝에서 마주보며 훑어 나가는 방식을 생각해서 나를 찾아낸 것이다. 다른 사람에게 알리지 않은 이유는 다들 놀고 있었기에 이런저런 배려를 하느라 다른 사람에게 알리지 않았고 꼭 필요한 사람과 간절한 마음으로 찾았다는 것이다. 못 찾게 되면 아마 그 자리를 떠나지 못했을 것이란 생각이 들었다. 그 간절함으로 지혜를 발휘해서 찾았다는 것이 감동이 되었다. 솔직한 감정이 이렇게 좋은 것인데, 자신을 속이며 자존심을 버리지 못하게 되면 관계가 불편해지고 거리감이 느껴질 수밖에 없다. 나는 솔직함의 중요성을 더 느끼게 되었고 사랑을 표현하지 못하는 자존심의 껍데기가 얼마나 불필요한 것인지를 알게 되었다. 사람들은 상처 준 사람에게 말 한마디 쏘아붙이려고 기회를 엿보기도 한다. 자신이 얼마나 힘들어하는지를 보여주기 위해 미움을 품고 살아가는 사람들도 있다. 이런 인생은 성장이 아닌 퇴보의 길을 가는 것 같다. 성장하는 곳에는 꿈이 생기지만 퇴보하는 곳은 자신과 타인을 끊임없이 비교하며 남도 끌어내리려고 한다. 그런 사람들의 말에는 자신은 할 수 없다는 종류의 부정적인 말들이 많다. 그리고 다른 사람에게 주로 못 해도 괜찮다는 말을 자주 한다. 핑곗거리나 합리화를 대신해주기도 한다. 그런 말은 위로가 필요해서 해야 할 때가 있지만 습관적으로 계속하는 사람의 말을 들으면 더 잘하고 싶은 마음이 생기지 않게 된다. 그리고 상대를 편안하게 해주는 듯하지만 그렇게 좋은 사람으로 기억되지는 못한다.

공감과 더불어 "잘 해왔다."는 말과 함께 앞으로 한 발 더 갈 수 있게 하는 어떤 말 한마디는 상대에게 용기와 에너지를 심어주고 좋은 사람의 느낌을 가지게 해준다. 그리고 실제로 그 말은 시간은 필요하지만 효과는 있다. 믿음과 지지의 말은 상대방에게 긍정적인 에너지를 주게 되고 그 에너지를 받으면 말을 해준 사람에게 부메랑처럼 다시 돌아오게 된다. 자기 자랑이 아닌 겸손의 말 한마디로 상대방을 높게 여겨줄 때도 자신이 같이 높아지게 되는 경험을 하게 된다. 내가 존경하는 분 중 한 분은 나와 나이 차이가 꽤 많음에도 나를 친구라고 소개하며 그렇게 불렀다. 그리고 친구처럼 나의 수준에 맞추어서 어려울 때도 함께해주신 분이다. 그 친구라는 말 한마디가 나이와 세대의 벽을 허물어주었고 겸손한 모습에 더 존경스럽게 바라보게 되었다. 존경하는 분이 나에게 어떤 사람이라고 말 한마디 해주면 나는 그런 사람이 된 것처럼 행동하게 되고 나 또한 좋은 사람으로 살아가고 싶어진다. 언젠가 나에게 명품에 대해 어떻게 생각하는지 물어보았다. 나는 명품이나 좋은 차, 좋은 집은 현재 나에게 어울리지 않아서 큰 관심이 없다고 했다. 그러자 그분은 "그렇군요. 사람이 명품이니 뭘 하든 빛나지요!"라고 했다. 그 말에 그렇게 살아야겠다는 생각이 들었다. 말 한마디는 존재감을 높여주고 사람을 빛나게 해준다. 말하는 사람과 듣는 사람 모두에게 좋은 사람으로 기억된다. 누구보다 자신을 스스로 가치 있는 사람으로 여기고 자신의 에너지를 올리거나 어깨가 펴지는 말 한마디를 해준다면 존재는 빛날 것이다.

+ 상위 1%의 말하기

① 가까운 사람에게 하는 말 한마디
→ 함께 있는 시간이 길수록 놓치기 쉬운 고마운 말들을 사소한 일에서 찾아 구체적으로 자주 표현한다.
② 어떤 말을 하는 사람으로 기억되고 싶은가?

3

연습 없이 말 잘하는 사람은
아무도 없다

듣고 아는 만큼 실천해야 변한다

나는 영어를 잘하고 싶은데 회화를 배우다가 중간에 자주 포기하다 보니 지금은 한마디도 자신 있게 못 하고 있다. 매일 반복적으로 하거나 절박한 상황이 되었을 때 배우면 잘할 수 있을 텐데 연습을 매일 하기엔 끈기가 부족하다. 사람들은 태어나서 말을 하기 전에 먼저 말을 듣게 된다. 말을 많이 들은 만큼 말을 잘할 수 있다고는 하지만 평소에 우리가 주로 들어온 말을 하기 때문에 그 말이 어떻게 들리는지는 가족 외에는 잘 알 수 없었을 것이다. 마음과는 달리 습관화되어 있는, 불쾌한 말들은 멈추고 자신의 마음을 잘 나타내는 말을 하기 위해 연습을 많이 해야 한다.

나는 어릴 때부터 영어로 TV를 많이 보았다. 5살쯤 아빠와 늘 함께 한 것 같은데 아빠 근처에서 장난감을 갖고 놀며 재롱 피우던 아련한 기억들 몇 조각이 있다. 자주 TV를 켜놓았는데 미국 AFKN 방송이었다. 아빠는 영어를 잘해서 AFKN 뉴스를 누워서 들었던 것 같다. 많이 들으면 영어는 잘한다고 하는 사람이 있는데 나는 늘 영어를 들으면서 놀았는데도 많이 들었다고 잘하는 것은 아닌가 보다. 연습은 잘할 때까지 하는 것인데 말을 해보지 않았기에 연습이 안 된 것이다. 영어와 마찬가지로 말도 잘하기 위해서는 스스로 제한하지 않고 꾸준히 연습을 하면 된다. 정말 원하는 것이라면 말을 하는 것이든 어떤 것이든 두려움도 가볍게 넘길 수 있기 때문에 과거의 상처도 자연스럽게 극복하는 경우도 있다. 성장을 위한 시도를 계속해야 하기에 과거도 미래에 대한 꿈도 현실도 모두 중요하다.

무엇이든 최고가 된 사람들은 타고난 능력보다 원하는 것에 대해 의지가 강했고 그 의지만큼 노력했기 때문이다. 말 잘하는 사람을 보면서 부러워하기보다 연습하면 잘할 수 있다는 믿음을 가지고 노력해야 한다. 요즘 말과 관련해서 이슈가 되고 있는 분 중 한 명인 이낙연 국무총리는 원래부터 말도 잘했고 글도 잘 썼을까? 나는 잘 모르지만 많은 경험이 지금의 정치언어를 거의 완벽하게 할 수 있도록 한 것 같다. 기자 생활부터 시작해서 정치인으로 변신을 했지만 국정질문에서 답하는 그분의 말은 답변의 정석이라고 할 만큼 겸손하면서도 정곡을 찌르는 답변들이다. 말과 감정에 군더더기가 없음을 보게 된다. 말하는 것과 글 쓰는 것은 연관이 있을까? 민주당 대변인으로 지내기도 했고 기자였기에 글을 잘 쓸 것이다. 그만큼 훈련이 잘되어 있고 어떻게 글을 써야 하는지 어떻게 말을 해야 하는지를 너무나 잘 아는 분일 것이다. 그냥 되는 것이 아니라 많은 것들을 비워내는 연습이 있었기에 군더더기 없는 말의 좋은 본보기가 되고 있는 것 같다.

글과 말과 사람은 서로 연관이 되어 있기도 하지만 또 다른 느낌을 주는 사람도 있다. 글은 너무 좋은데 대면해서 말을 들어보면 어눌한 사람도 있고, 글은 따뜻한데 사람은 차가운 경우도 있는 경우가 있는데 글이든 말이든 자신의 내면에서 나오는 것이기 때문에 어떻게 다듬는가가 중요하고 불필요한 요소들이 무엇이 있는지를 알아보는 것도 도움이 된다. 글이든 말이든 사람이든 자신만의 고유한 특성이 잘 드러날 수 있게 한다면 상대방도 그대로 느낄 것이라 생각한다.

군더더기가 없는 말은 깔끔하다. 군더더기를 빼기 위해 나는 아침마다 생각을 쏟아내는 일기를 몇 년 동안 쓰고 있다. 그렇게 쏟아내고 나면 한 문장으로 요약이 된다. 그 문장은 나의 하루를 새롭게 만들어낸다. 쏟아내야 무엇이 중요한지를 알게 되고 그 외의 것들을 내어놓을 수 있다. 내어놓고 중요한 말 하나를 취하는 것이다. 옷장을 정리할 때 보이는 것만 정리할 때도 있지만 한 번씩은 모든 것을 꺼내놓고 다시 넣을 것, 버릴 것, 줄 것을 나눈다. 그렇게 정리하는 것이 눈에 보이는 것만 정리하는 것과는 다르다. 그런 것처럼 생각이나 말을 정리하기 위해서도 모두 쏟아내어 가져야 할 생각만 갖고 있으면 되는 것이다. 그런 연습을 나는 오랫동안 해왔지만 아직도 서툴다. 그래서 계속 연습을 하게 된다. 연습의 시간 축적도 필요하지만 집중력도 필요하다. 집중력은 하겠다는 의지에서 나오며 힘을 하나로 모으는 것이다.

어릴 때 돋보기로 햇빛을 모아서 검은 종이를 태우는 실험을 한 적이 있다. 신기해서 집에 있을 때 자주 종이 태우는 놀이를 했었다. 집중된 힘이 얼마나 강력한지를 보면서 힘을 가지기 위해 기다리는 것이 필요하다는 것도 그때 실험을 통해 신기해하면서 알았다. 나에게 필요한 것 중 하나가 집중하는 것이기도 했다. 내가 좋아하는 것에 몰입하는 것 그리고 그 힘으로 이루어내는 것이 나에게도 중요한 부분이란 걸 나중에 알게 되었다. 그 당시 돋보기 실험은 과학적 해석보다는 나에게는 감정에 대한 해석이 더 강했기에 살짝 무서웠다. 집중하면 왠지 무섭다는 느낌은 강력한 힘 때문이었던 것 같다. 그래서 집중을 하지 않겠다는 생각을 가진 후 나는 산만해지기 위해 다른 생각을 하는 연습을 한 적이 있다. 수업을 들으면 몰입해서 모든 것을 기억하는 편이었지만 집중하지 않고 다른 생각에 빠져보고 싶었다. 노력한 결과 나의 머리는 잡다한 생각들로 가득 차기 시작했고 모든 수업시간은 나만의 상상의 시간이 되어갔다. 상상은 너무나 재미있고 뭐든 원하는 것을 생각 속에서 자유롭게 만들어낼 수 있었다. 그러다가 안 되겠다는 생각에 다시 수업에 집중하는 연습을 하게 되었다. 집중이든 연습이든 자신의 의지만 있다면 원하는 것을 할 수 있다.

실수는 더 나은 방향을 보게 한다

말 잘하는 사람은 말을 많이 해본 사람이기도하다. 말을 많이 하면서 실수도 많이 했을 것이다. 실수를 포함한 경험들이 모여 더 잘할 수 있는 방향으로 이끌어가기 때문에 경험을 만들어서라도 해야 말을 잘 할 수 있다. 말을 잘 하고 싶은 사람이라면 방법들을 다양하게 만들어서 시도할 수 있다. 말을 잘하고는 싶지만 문자에도 메일에도 반응이 없다면 반응을 먼저 하는 것을 연습하면 좋을 것이다. 아무 노력 없이 스킬 하나 배워서 자신이 필요할 때만 사용하겠다는 것은 도구를 사서 설명서만 읽고 머리로만 사용법을 알고 있는 것이다. 실제 급하게 사용해야 할 때 도구 방법은 알지만 몸이 익숙하지 않아서 꼭 필요한 때인데도 실수를 하거나 시간이 많이 걸려서 스트레스를 받게 된다. 힘겹게 시작하는 것은 다음에 시도하기에도 어렵다는 느낌을 심어주기 때문에 가장 쉽게 할 수 있는 것부터 당장 시도하는 것이 자연스럽게 자신의 실력을 늘리는 방법이다. 말은 늘 하기 때문에 연습이 실전이다. 언제 어느 때 사용될지 알수 없다. 말을 잘하기 위한 요소들을 기억하고 알고 있는 스킬들을 생각하며 편지를 쓰거나 문자를 하거나 어떤 시도라도 해보면 좋을 것이다.

나는 처음 NVC 대화(비폭력 대화) 스킬을 배웠을 때 매일 아들에게 편지를 썼다. 코칭 스킬을 배웠을 때도 질문하는 연습을 나 자신에게 수시로 했다. 부정적인 상황에서도 인정하고 칭찬하는 말로 바꾸는 연습을 하며 아이와의 긍정적인 관계를 만들어가기도 했다. 늘 의식하며 연습할 때는 내가 나를 관리하는 생각이 들었고 나를 잘 보살피는 느낌이 들었다. 지금은 자연스럽게 코칭이나 강의를 하면서 연습이 되어가고 있다.

모든 일상에서 자신의 말을 하기 전에 생각을 하다 보면 연습이 되는 것이다. 당장 실천할 수 있는 것들이 많다는 것을 기억해서 기회를 놓치지 않기를 바란다. '나는 말을 잘 못해, 해도 안 돼, 난 늘 눈치 없이 말을 해.' 등의 말은 연습하기 싫고 있는 그대로 살겠으니 그렇게 이해하라는 말처럼 들린다. 정말 잘하고 싶다면 비난을 멈추고 시작하라는 말을 전하고 싶다.

※ 긍정적인 표현 연습하기

① 난 말을 못해

→ 난 연습하고 있고 잘 되어가고 있다.

② 왜 이렇게 반찬 투정이 심해?

→ 골고루 잘 먹고 건강해지면 좋겠어.

③ 그 일에 대해 그렇게 모르면 어떻게 합니까?

→ 그 일에 대해 다양한 의견이 있기를 원합니다.

자기 소리를 적절히 내는 것이 당당해 보인다

생각을 바꾸면 습관도 바뀐다

자기 소리를 낸다는 것은 무엇일까? 어느 정도의 선에서 말을 하고 또 말을 멈춰야 하는 걸까? 그런 것을 분별해내는 것이 지혜라고 생각한다. 사람들은 "어디까지 솔직하게 말하는 것이 좋을까요?"라고 물어본다. 자기 소리를 낸다는 것은 하고 싶은 말을 다 하며 사는 것이 아니라 적절한 때에 분명하게 표현하는 것이다. 자신의 경계선이 확실하지 않으면 상대의 감정에 자주 휩싸이게 된다. 어떤 분은 늘 결정을 못해 고민을 하는 분인데 내가 못 하는 일을 부탁 하기에 거절을 여러 차례 했음에도 그분은 들은 척도 하지 않는 것을 보았다. 그분은 "나는 못한다."라는 말 습관으로 인해 상대는 늘 하는 말이라 이 정도는 할 수 있으리라 생각을 했고 함께 일을 시작한 것이다. 용기를 내서 자기 소리를 내어도 습관처럼 하는 말이 있다면 사람들은 진지하게 듣지 못한다. 이분의 경우 본인의 습관임을 알면서도 고칠 생각을 안 하고 있었다. 그 말을 해야 자신을 보호한다고 믿었기 때문이다. 자신을 불쌍하게 여겨주기를 바라며 나는 못한다, 가진 것이 없다는 말을 해야만 자신을 좀 더 배려해줄 거라고 생각을 했다는 것이다. 자신은 변할 수 없다는 생각이 뿌리 박혀 있었지만 말로 인해 많은 고생을 한 경험이 있기에 생각을 바꾸자 바로 말 습관도 고쳐졌다. 변화의 필요성을 절실히 느끼지 못할 때는 끝도 없는 핑계들을 만들어 내기도 했다. 일단 자신의 생각을 눈으로 보는 것이 필요했기에 노트에 자신이 하는 말을 생각을 거르지 말고 한번 적어보라고 하고 자신에 대해 어떤 생각이 드는지 보라고 하였다. 노트에는 수많은 자기 부정과 핑계들로 가득 찼다고 하였다. 말을 눈으로 보는 순간 바꾸고 싶은 마음이 올라온 것이다. 그래서 어떤 말이 필요하고 원하는 말인지를 다시 수정해서 적어보라는 과제를 주었는데 그것을 통해 변화가 있었고 자신에 대해 분명해지고 있다고 한다. 사정상 계속적인 만남이 이루어지지 못해서 아쉬웠지만 좀 더 자유로운 삶을 위해 자신의 현실을 바꾸고 싶은 사람이라면 의지를 가지고 노력할 것이다.

변화는 습관이 될 때까지 노력해야 하고 습관이 되어도 유지하는 능력이 필요하다. 우리는 이미 그런 능력을 가지고 있음에도 스스로 못하게 만든다. 말을 들을 때 좋은 사람의 이미지를 지키기 위해 지루한 이야기에도 배운 대로 미소를 지으며 반짝이는 눈빛으로 고개를 끄덕이며 경청을 하게 된다. 그리고 스스로 경청을 잘 했다고 뿌듯해하며 이야기를 들어주었건만 상대는 자신만 이야기하고 들을 생각을 안 한다. '언제까지 듣고 있어야 하나?', '지금까지 잘 들어주다가 안 만날 수도 없고. 어떡하지?'라는 생각을 하면서도 만남을 거부하지 못하는 사람이 있었다. 자신의 소리를 전혀 내지 못하는 경우였다. 상대는 원래 말이 없고 잘 듣기만 하는 사람이라고 생각하며 자신을 아주 좋아하며 서로 잘 맞는다고 생각할 수 있다. 그리고 '내 말 듣는 것을 좋아해.'라고 생각 할 수 있다. 잘 들어주는 사람을 만나면 상대방은 이야기를 계속 더 하고 싶어진다. 사람들이 자기 소리를 내지 못하고 상대에게 맞추기만 하면서 지내다 보면 어느새 자신도 모르게 상황에 끌려다닐 수 있다. 자기 소리를 못 내는 이유는 무엇 때문일까? 자신만의 이유를 한 번쯤 생각해보면 좋겠다. 실패를 너무 두려워해서 어떤 것도 시도하지 못하는 분이 있었다. 그분의 머릿속에서 실수는 실패이고, 실패는 야단맞는다로 해석했다. 실수만 해도 불같이 화를 내는 부모님의 모습으로 인해 두려움이 컸었던 기억이 있었다. 그리고 그 두려움으로 새로운 것을 시도하지 못하고 있었다. 실수는 하나의 경험이고 배우기 위한 과정임에도 부정적 경험에 의해 긍정적 경험을 하지 못하는 안타까운 현재를 살고 있었던 것이다. 자신이 가장 원하는 소리를 낼 수 있어야 한다. 계속되는 부정적 연결고리를 현재에 끊어내지 못하면 자녀에게도 부정적 감정이 전달된다. 사람이든 동물이든 부정적인 사건에 대해서는 다시 경험하고 싶어 하지 않는다. 특별한 생각의 전환이 일어나지 않는 한 경험으로 인해 위험하다고 본능적으로 느끼는 순간이 되면 말을 못하는 경우가 있다. 상대는 원래 그런 사람인데도 자신만의 경험과 해석으로 위험본능을 느끼는 것이다. 적절한 자기 소리를 내기 위해서는 자신이 두려워하는 것을 상대에게 말을 하고 도움을 요청해야 한다. 어느 교육에 참가한 적이 있었는데 파트너를 정해서 서로 말을 하지 않고 목적지까지 숨겨진 경로를 찾아서 돌아오는 미션이 주어졌다. 나의 파트너는 우리 팀에서 가장 설명을 알아듣지 못하였고 말도 어렵게 하는 분이었다. 나와 파트너가 되었고 각자 자기 역할을 잘하면 되겠다고 생각했다. 서로 무엇을 할 것인지를 결정해서 시작하면 된다고 생각했기에 그분을 존중하며 잘해보기로 했다. 진행하는 동안 말을 하지 않고 하는 것이었기에 미리 어떻게 할 것인지를 정하고 출발했다. 가다 보니 파트너가 잘 따라오지 못하고 있었다. 나는 어느 덧 파트너의 속도에 맞추지 않고 빨리 목적지로 갈 생각만 하고 있었다. 파트너보다 앞서가는 나를 보고 순간 나 자신에게 놀라 멈추었다. "몸이 나의 마음을 이렇게 표현하고 있었구나."라는 것을 알게 되면서 내가 하고 싶은 것이 있거나 목표가 있으면 함께 하는 사람들과 어떻게 일을 하는지 돌아보게 되었고 그것은 사람들마다의 속도에 맞추려는 노력을 한 계기가 되었다. 한 사람이 뒤쳐져 있을 때 그 사람은 자기 소리를 크게 내기 어렵고 앞선 사람은 목표만 생각하기에 작은 소리는 들리지 않을 수 있다는 것을 경험한 것이다.

자기 소리는 자신의 현재 상태다

자기 소리를 낸다는 것은 자신이 어떤 상태인지를 말과 목소리와 몸으로 동일하게 전달해야 잘 들리고 당당해 보인다. 예를 들어 현재 부당하다고 생각하는 일을 부탁받을 경우 "이 일은 제가 지금 결정할 수 있는 것이 아니네요. 의논해보고 가능한 선을 확인한 후 알려드리겠습니다."라고 부드럽지만 당당하게 말할 수 있어야 한다. 상황에 따라 다르게 표현해야겠지만 쉽게 결정하기 어려운 일은 시간이 필요하기 때문이다. 당당해보이고 싶은 마음은 가득하지만 말이 나오지 않을 때가 있다. 감정을 신호등이라고 비유하기도 하는데 마음에 빨간 신호등이 켜진 채로 계속 위험신호로 머물러 있으면 초록불이 들어와도 몸은 브레이크를 밟게 된다. 이럴 때 생각은 안전하지만 몸과 마음은 위험한 신호를 보낸다면 어떤 것이 자신을 막고 있는지를 살펴봐야 한다.

어떤 의견도 없이 들어주기만 하는 사람은 재미가 없다. 회의나 모임에서 아무 말도 하지 않는 사람을 보면 무슨 생각을 하는지 알 수가 없어서 답답해진다. 지나치게 조심스럽다면 지나치게 다른 사람을 신경 쓰고 있는 것이다. 다른 사람은 어떻게 생각할까보다 나는 어떻게 보이고 싶은가를 생각해보고 그런 사람처럼 지내보는 것도 도움이 된다. 당당해 보이고 싶은가를 생각하기보다 당당하고 싶은가를 생각해보며 그런 사람이 되길 바란다.

 사람들은 책을 많이 읽고 자신을 분석하며 자신은 사랑을 받아본 적 없어서 사랑할 줄 모른다는 말을 많이 한다. 사랑을 받지 않았다고 단정하기에 앞서 사랑의 방식이 달라서 느끼지 못했을 수도 있지만 이미 많은 사랑을 누군가로부터 받았을 것이다. 그러나 그 사랑을 받아들이지 않았을 수 있다. 해수욕장의 사건도 마찬가지다. 해수욕장에서 확신한 엄마에 대한 이미지는 차갑고 감정도 없고 나를 귀찮아할 것이라 생각할 수 있었고 그 이후 시간들에 대해서도 "좋은 것들을 주고받았어도 상처 뿐이야" 하고 말할 수 있지만 '내가 생각한 것과 달리 나를 소중히 여기고 사랑했구나.' 하는 생각으로 전환되면 그 이후의 일들이 사랑 가득한 시간들로 해석이 된다. 하나가 전체를 바꾸는 것은 과한 해석이 될 수도 있지만 어느 축에서 해석하고 받아들일 것인지는 관계의 변화에 많은 영향을 준다. 자신을 속이지 않고 서로에게 솔직한 표현을 했다면 오랜 시간 마음이 힘들지 않았을 텐데 하는 생각이 들었다. 자신에게 솔직한 표현이 자신의 사랑을 실천할 수 있는 것 중 하나이다. "사랑을 어떻게 해야 하나요?"라고 물어보는 사람들은 자신이 다른 사람들이 어떻게 자신에게 대해주면 좋을지를 생각해보면 좋을 것 같다. 친척 중에 어린아이가 있어서 내가 갈 때마다 내 등에 올라탔다. 한 번은 몸이 아픈데 등에 타는 것을 보고 웃으면서 "몸이 아파서 힘드니까 올라오지 말라."라고 했지만 내 표정은 웃고 있었기에 말보다 표정을 보고 계속 놀이를 하였다. 보다 못한 친척분이 "웃으면서 말하면 안 들어."라고 했던 기억이 있다. '그렇구나. 내가 웃으니 그냥 하는 말이라고 생각할 수 있겠구나.'란 생각이 들었다. 그리고 눈을 보며 아픈 모습 그대로 말을 해주었다. 그랬더니 받아들이고 멈추게 되었다. 나이와 상관없이 말을 할 때는 말과 행동의 일치된 모습을 보여주며 자기 소리를 내야 한다. 당당한 사람들은 하고 싶은 말을 다 하지 않는다. 당당한 사람은 오히려 잘 들을 줄 안다. 상대의 말을 들을 줄 아는 사람이 자기 소리도 들을 줄 알고 적절한 말인지를 알 수 있다. 감정적인 표현을 하지 않기 위해서라도 자신의 마음을 살펴보고 적절한 때에 자기 소리를 분명하게 내는 사람이 되길 바란다.

+ 상위 1%의 말하기

① 자신 소신을 가지면서 상대를 받아들이는 마음 갖기
② 자기 생각이 흔들리지 않을 만큼 자신을 신뢰하고 자기소리를 내기

말 잘하는 사람이
인정받는다

하기 힘든 말을 할 줄 아는 사람

말 잘하는 사람은 듣기 좋은 말만 잘하는 것이 아니라 하기 힘든 말도 잘하는 사람이며 그런 사람이 오히려 인정받는다. 어떤 분이 결혼할 시기가 되어서 엄마가 여자 친구를 소개를 해주기로 했다. 그런데 소개할 사람들의 연락처를 서로 주면 되는데 엄마는 일정을 본인이 잡아서 알려주려 하였다. 부모의 방식대로 한 것이다. 그 부분에 아들은 화가 났고 자신을 아직 어린아이로 보고 엄마의 방식대로 하는 것이 그동안 많이 쌓였다가 문제로 터졌다. 아들은 화가 나서 약속을 취소해버렸다. 성인인 아들의 의견을 물어보지도 않았던 것이 엄마의 실수임에도 아들 성격

탓만 한다면 또 다른 갈등을 낳게 된다. 엄마의 경우 자신의 결정이 가장 옳다고 생각했고 아들을 자신의 뜻대로 움직이려 하였다. 만약 이런 상황이라면 어떻게 말을 해서 엄마와 아들이 더 좋은 관계를 가지고 서로를 인정할 수 있을까? 아들의 입장에서 말을 한다면 엄마의 개입 없이 서로 전화번호를 주고받을 수 있게 번호를 알려달라고 하면 된다. "엄마 때문에 기분 나빠서 이번에는 안 만날 거야."라고 말해서 좋은 사람 만날 기회를 잃어버린 탓을 엄마 책임으로 돌리려는 복수심을 내려놓아야 한다. 엄마 또한 사과를 해야 하고, 엄마에게 화가 난 것을 자신의 일과 연관시키지 않았으면 좋겠다고 이야기를 해야 한다. 엄마가 아이처럼 대하다 보니 아들도 아이처럼 반응을 하고 있었다. 말을 상황에 맞게 잘해야 엄마로 인정받고 아들도 성인으로 인정받는다. 존중받고 인정받기 위해서는 자기중심성에서 벗어나 상대 입장을 생각하는 성숙한 태도가 있어야 한다. 먼저 인정해주고 의견을 물어보는 것이 필요하다. 자신의 기분에 따라 말을 하면 사람들은 무시를 할 수도 있다.

자기중심성에서 벗어나서 자신에게 중심축을 두고 말을 한다는 것은 어떤 것인가? 어떤 사람이 되고 싶은가를 먼저 생각해보면 좋겠다. 그런 사람은 어떤 말과 행동을 할까도 생각해야 한다. 인상 깊은 만남 중에 어떤 분은 상대가 누구든 그 사람이 중요한 사람이라는 생각을 하도록 만들어준다. 말을 경청하면서 자신을 드러내지 않는 모습에 깊은 감명을 받은 적이 있다. 그분의 모습을 보면서 나 또한 그런 모습을 가지려고 노력하고 있다. 내가 드러나는 대화가 아닌 상대가 충분히 말하고 느낄 수 있도록 하는 것은 자신의 생각을 내려놓을 때 가능하다. 자신이 보이고 싶은 것에 집중을 하다 보면 "저 사람은 도움이 필요해! 내게 어떤 말을 듣기를 기대하고 있어."라는 말을 자신에게 하며 자신을 드러내기 시작한다. 만약 상대가 중요한 사람이라고 생각한다면 자신의 말을 하기보다 상대의 말을 듣기에 집중할 것이다. 자신에게 중심축을 두지 않고 눈치 보며 경청하는 척하는 것이 아니라 진지하게 경청하게 된다. 그럴 때 상대는 자신이 중요한 사람이라고 인식하게 된다.

같은 말이라도 예의상 하는 말과 진심에서 우러나온 말은 다르다. 하지만 누구나 일단 보이는 것이 우선이다. 보이고 들리는 말이 밝은 에너지인지 어두운 에너지인지에 따라서도 달라질 것이다. 어두운 사람은 어두운 사람을 찾는다. 밝은 사람은 주변을 밝게 만들고 긍정적으로 만들어가기 때문에 주변에 그런 사람들이 모인다. 사람은 성장하면서 만나는 사람이 달라진다. 하지만 그룹 내에 있거나 한 가족으로 묶여 있다면 처한 상황에 적절히 대처해야 한다. 말을 잘 못하는 사람과 있다고 말을 함부로 해서도 안 되고 말 잘하는 사람 앞에서 주눅들 필요가 없다. 판단과 비난을 일삼는 사람 앞에서는 침묵이 필요하고 때에 따라 유머도 발휘할 수 있는 여유가 있으면 인정을 받게 된다. 인정받기 위해 말을 잘하려고 하기보다 말과 행동이 일치되게 살아가는 것으로 인정을 받는 것이 제대로 인정을 받는 것이다. 순간의 스킬이 필요할 때도 많지만 꾸준한 노력이 필요하다. 자신과 타인을 위해 노력하는 사람은 인정받게 되어 있다. 자신의 어떤 부분을 개선시켜야 할지 모른 채로 살아간다면 관계에서 문제가 있을 수 있다. 말을 잘 못하지만 관계가 좋으면 주변에서는 분명히 서로를 위해 피드백을 하게 되어 있다. 그 피드백을 통해 자신을 개선해나가는 기회로 보는 관점을 가지는 것이다. 관계가 좋지 않을 때는 서로에게 필요한 피드백을 해주지 않는다. 좋은 것만 이야기해주고 좋은 척만 할 뿐이다. 척하는 것에는 틈이 늘 생기기 마련이다.

내면의 안정감은 존재로 인정받는다

말을 잘하려고 하는 급한 마음이 오히려 자신을 몰아갈 수 있다. "왜 난 저렇게 이야기를 못하나?" "집에서 늘 부정적인 이야기만 들어서 그래."라든지 자책으로 시작해서 비난으로 이어지고 결국 자신은 잘할 수 없는 사람으로 만들어버린다. 가끔 자신이 의도한 대로 상대방을 변화시키기 위해 대화 스킬을 배우는 사람이 있다. 그러나 스킬을 배우다 보면 자신을 먼저 알게 되고 상대방을 이해하는 기회가 되기 때문에 누구든 배우는 과정은 필요하다. 자신이 필요할 때도 관계의 향상을 위해 자신의 능력을 제대로 표현하기 위해라도 스킬을 배워야 한다. 말을 잘하기 원한다는 것은 자신을 알아가고 타인을 배려하고자 하는 전제도 있기 때문이다. 지금까지 받은 교육에서 한계를 느낀다면 포기하는 것이 아니라 새로운 변화를 시도해야 한다. 내가 만난 분 중 사업에 성공했던 사람들의 대부분은 늘 배우려는 마음이 있었다. 자신을 변화시키는 것을 두려워하지 않고 늘 새로운 시도를 하는 것을 보았다. 그리고 자기 관리를 하며 자신이 원하는 삶을 이루기 위해 끊임없이 노력한다.

우리 마음에는 방해되는 요소들이 조금씩은 있다. 뭔가 변화하거나 시도하려고 할 때마다 자신의 내면에서 좌절시키는 말이 있거나 주변 사람들의 반응에 무너지는 일들도 있다. 그러나 결국 모든 것을 딛고 자신이 원하는 것을 이루는 사람은 사람들에게 비난도 듣게 될 것이고 질투의 대상이 될 수도 있지만 그 외에 응원해주는 사람들도 많다는 것을 알고 있다.

시련은 변장된 축복이라는 말이 있듯이 축복이 변장하고 나에게 왔다고 생각하고 시련을 통과하여 성숙의 과정을 지나야 원하는 것을 이루고 인정받는다. 환경이든 사람에 의한 것이든 시련을 극복하지 않고 인정받는 사람은 거의 없다. 아무리 성공했더라도 자기 가치를 지키기 위해 어려움을 이겨내고 자기 삶을 만들어 내는 사람은 말이 아무리 서툴러도 기술이 없어도 그의 스토리가 감동이 되어 사람들은 그를 인정하게 된다. 꿈을 이룬 사람으로 인정받는 것은 말을 잘한다고 인정받는 것처럼 기쁜 일이다. 시련을 감사함으로 받아들이고 극복한 사람들의 생각은 긍정적인 사람이 대부분이다. 꿈을 가진 사람들은 현실적이면서 긍정적이기 때문에 어려움을 가볍게 이겨낼 수 있는 힘이 있다.

사람들은 자기 소리를 내는 것을 중요하게 생각하고 간섭받는 것을 싫어하는 경향이 있다. 목소리만 높아진다고 해결되는 문제는 아니다. 비판한다고 자신이 지적인 사람이 되는 것은 아니다. 자신이 무시하면 상대도 무시하게 되고 소리를 지르면 상대는 순간적으로 침묵을 하지만 소리지르는 모습을 한심하게 여기기도 한다. 상대가 순간적으로 무서워한다고 자신에게 힘이 있다고 생각하면 오산이다. 상대가 무서워한다는 것은 그만큼 상대를 배려하지 못했다는 것이고, 상대가 자신을 어려워한다면 그만큼 차가운 경계를 그었다는 것이다. 상대의 평가가 전부는 아니지만 참고로 생각해볼 필요는 있다.

상대가 비난할 때 같이 비난하면 똑같은 수준이 되듯이 사람에 대한 이해의 수준도 비슷하다는 것이다. 그 사람을 받아들일 만큼 그릇이 작다면 그것을 인정하고 그 부분에 대한 말을 해야 한다. 그것이 자신을 잘 드러내고 함께 방법을 찾는 길이다. 말을 잘하는 것과 생각이 많은 것은 다르다. 생각은 많지만 말은 못할 수 있고 생각은 없는데 정보를 많이 알아서 말은 잘할 수 있다. 대부분 어떤 뉴스나 정보를 주고받으면서 이야기를 할 때는 말을 못하는 사람이 없다.

　말하기 어려운 때 감정의 요동 없이 상대를 배려하며 표현하는 사람을 보고 말을 잘한다고 인정해준다. 사람들은 내가 어려운 말도 거리낌 없이 하는 것을 부러워하지만 어려운 말을 할 때는 주로 타이밍을 생각하고 관계를 먼저 생각한다. 여러 번 생각한 후 상대를 배려하면서 이야기를 하는데 그 생각의 과정을 사람들은 눈치채지 못할 때가 있기 때문에 쉽게 한다고 생각한다. '내가 하고 싶은 말이 이 말인가? 정말 필요한 말인가?' 생각해보면서 말을 하면 사람들에게 말을 잘하는 것으로 들리게 된다. 그 생각의 과정을 무시해서는 안 된다. 과정을 소중하게 여기고 즐길 줄 알아야 원하는 것을 이룰 수 있다. 설명하는 것을 싫어하는 분이 있었는데 그분은 너무 설명이 긴 부모님 때문에 설명에 질려서 설명의 중요성에 대해 무시를 하였다. 꼭 필요한 설명이라면 간단하게는 하지만 설명을 짧게 하는 중에도 억지로 하는 목소리였다. 이분은 설명을 해야 할 때 이런 상황에 대해 자유로워지기 위해 부모에 대한 이해와 주눅들었던 과거의 억울함을 풀어야 했다. 자신을 위해 용서해야 했다. 매여 있다고 생각하는 것이 있다면 그 부분이 무엇인지, 왜 매여 있는지를 알아내고 용서로 풀어주어야 말이 풀리고 인생이 풀린다.

① 자신이 잘할 수 있는 표현으로 시작하기

→ 미소, 눈빛, 첫 인사

② 상대가 원하는 말을 먼저 하기

→ 취미나 관심 분야 물어보기

6

표현만 잘해도
기회가 생긴다

말하기보다 상대가 말을 하도록 한다

유머 감각이 있는 사람은 게임 진행 사회를 보게 되는 경우가 생기고 아나운서들은 사회를 보게 되는 경우가 많아지고 자기표현을 잘하는 사람들은 기회가 생겨난다. 자기 개성이 그대로 드러나기 때문에 주어진 기회들이 생기면 부담 없이 능력을 발휘할 수 있게 된다. 일반적으로 앞에 나가서 말하는 것과는 달리 잘 표현한다는 것은 친밀감과 배려와 겸손함이 느껴지는 가운데 말을 하는 것이다. 정확한 발음은 많은 사람들에게 나설 수 있는 기회가 많아질 수 있고 분명하고 개성 있는 사람으로 보이기도 한다. 그러나 모두가 그럴 수는 없다. 잘 표현한다는 것은 타이밍에 맞게 적절한 말을 하며 말의 양을 조절하는 기술이 필요하다. 어떻게 말하는가를 구체적으로 알려주는 말의 기술들은 필요하고 중요하다. 잘 표현하는 것은 감각에도 관심을 가지는 것이다. 감각적으로 말을 잘 전달할 수 있으면 말을 기술적으로 잘하는 것은 아니지만 잘한다는 생각이 들게 된다. 잘 듣는 것도 말을 잘하는 것에 포함되므로 잘 듣고 잘 반응하며 핵심을 기억하고 확인하는 것만으로도 믿음이 가고 친밀하게 되기 때문에 인정받을 수 있다. 늘 부정적으로 생각하고 말을 하는 사람은 자신의 모든 감정을 타인이 책임져야 한다고 생각한다. 자신에 대해 책임질 수 있는 사람은 타인에게 전적으로 책임 전가를 하지 않는다. 어떤 부분은 책임을 나눠야 할 부분도 있기 때문이다. 잘 표현하기 위해서는 온전히 그 사람의 신을 신고 그 사람이 되어보는 것이다.

워크숍 중에 상대방의 입장에서 느껴보기 위해 의자를 바꿔 앉아서 상대방이 되어보는 것을 해보았는데 어떤 분은 상대방의 의자에 앉았지만 자신의 생각을 놓지 못하는 사람이 있었다. 이분은 남의 입장은 거의 생각을 하지 못하는 분이었다. 자기 문제에 빠지게 되면 그 문제만 보이고 문제에 허둥대기 때문이다. 상대가 원하는 것이 어떤 것인지를 민감하게 알아차리는 사람은 주변 사람들이 좋아한다. 유머를 좋아하는 사람에게는 잘 웃어주고 자신의 의견을 잘 이야기하는 사람과는 자신의 의견도 분명하게 해야 하고 불쾌한 일이 있을 때는 자신을 돌아보면서도 상대에게 할 말이 무엇인지를 간략하게 이야기할 수 있으면 좋아한다. 아나운서처럼 기술을 바라는 사람은 많은 연습을 해야 할 것이다. 어떤 분은 말을 잘 못할 것 같은데 자신이 해야 할 말은 분명하게 하는 사람도 있다. 표현하지 않으면 기회가 생기지는 않는다. 늘 준비된 상태라면 기회가 왔을 때 그 기회를 보는 눈이 생긴다. 훈련되어 있는 그대로 드러나게 되어 있다. 만약 아무 준비도 하지 않은 상태에서 기회만 노리는 사람이 있다면 기회가 오더라도 부작용이 생긴다. 어떤 분은 자신이 결코 할 수 없는 강의인데도 요청을 받아들이고 정보를 수집하기 시작했다. 물론 좋아하는 일이라면 그렇게 공부하고 준비하는 것이 필요하지만 공식적인 자리에서 전혀 다른 분야에 대해 강의한다는 것은 큰 모험이다. 새로운 도전이 될 수도 있고 다른 기회로 연결되기 어려울 수도 있다. 자신에게 가장 잘 맞는 것이 어떤 것인지를 알아차리는 것이 필요하다.

가끔 마라톤으로 도로가 통제가 될 때가 있다. 한 번은 도로가 통제되어서 버스에서 모두 내려야 했다. 나는 버스를 갈아타기 위해 한참을 걸어가야 하는 상황이 되었다. 다른 사람들도 입장은 비슷할 것이다. 그런데 한 남자 분이 내리면서 온갖 욕을 하며 손을 크게 휘저으며 "어떻게 가라고!! 씨!!"라며 팔을 휘두르고 소리를 지르며 내렸다. 모두가 불편한 상황에서 그 상황을 받아들이는 사람과 소리 지르며 욕을 하는 사람과 묵묵히 자기 갈 길을 찾는 사람이 있다. 변할 수 없는 상황에서 그렇게 화를 내는 것이 도움이 될까? 화를 내는 것은 잘 표현하는 것이 아니다. 그 감정만 쏟아내는 것이지만 그 후에도 좋은 감정이 들지는 않을 것이다. 어떤 분들은 부정적 감정은 쏟아내고 욕하고 싶은 것은 맘껏 해야 마음이 정리가 되고 좋아진다고 하는데 나는 일시적인 방법이라고 생각한다. 그 방법이 성공하게 되면 계속 그 방법을 쓰려는 마음이 생긴다. 상대에게 상처를 주고 불쾌하게 만드는 방법을 좋은 방법이라고 생각하며 사용하는 사람은 그 방법을 사용하기 위해 화를 끌어모아야 할 것이다. 반대로 절대 안 좋은 말을 자신의 입으로는 할 수 없다는 생각이 있는 사람 중 몸과 표정은 부정적으로 가득한데 표현만 안 하는 사람도 있다. 입만 다문다고 해결되는 것은 아니다. 자신의 진짜 말을 들어야 할 필요가 있는 것이다.

확신의 말은 좋은 결과를 가져다준다

마틴 루터 킹의 "오늘 나에게는 꿈이 있습니다. 그리고 미국이 위대한 나라가 되려면 이 꿈이 실현되어야 합니다."라는 유명한 연설을 보면서 다른 좋은 결과를 가져오기 위해서는 말을 다르게 해야 한다는 것을 알게 되었고 나는 불만을 원하는 것으로 바꾸어서 말하는 연습을 했다. 원하는 것과 상대를 위하는 표현을 하게 되면서 상대가 나의 말을 들어주기 시작했다. 자신이 원하는 것만 채우고 상대를 위하는 마음이 없는 말은 다른 사람의 귀를 지겹게 할 뿐이다. 해야 할 말인가, 하지 말아야 할 말인가를 생각하고 언제 하는 것이 서로에게 도움이 되는지를 생각하며 배려해야 한다. 말을 할 때 솔직함이 좋다고 상대방을 배려하지 않고 있는 그대로 정직한 표현만 한다면 자신만을 위한 말이다. 자신의 가치만 지키면 상대방의 입장은 어떤지를 고려하지 않고 주장하게 되기 때문에 독단적으로 보일 수 있다. 배려심이 있으면서 솔직하고 정직한 말을 해야 하듯 자신의 가치를 표현할 때 가치관을 상대에게 강요하거나 기대하는 것이 아니라 상대방의 가치는 어떤 것인지 관심을 가지고 들은 후 이해하고 받아들이며 자신의 가치도 말할 기회에 적절히 표현하는 것이 자신의 의견을 가지면서 상대도 존중하는 태도에서 나오는 말이다.

자기 입장만 생각하고 상대방의 상황은 배려하지 않는 사람은 도와주고 싶어도 그러지 못할 때가 있다. 힘든 일이 생기면 나에게 장문의 문자나 전화를 하는 사람이 있었다. 그러나 언제나 전화를 받을 수는 없었다. 문자도 바로 체크할 수 없는 상황이 있다. 나는 어느 정도 마음이 열린 사람에게는 도움이 필요하면 시간을 정해 만날 수 있지만 준비되지 않은 사람과 통화를 하다 보면 서로에게 도움이 안 되는 것 같아서 도움을 줄 수 없다고 말한다. 결혼을 한 부부 중 갈등이 한 번도 없는 부부는 없을 것이다. 남녀가 원하는 것이 다르고 다른 심리와 뇌 구조를 가지고 있기에 서로 못 하는 것을 기대하는 것은 기대하는 사람만 힘들 뿐이다.

할 수 없는 것을 하기는 어렵다. 어떤 부부는 돈 문제로 심하게 갈등을 겪고 있었다. 돈을 투자하는 부분이 달랐기 때문이다. 그러다 보니 서로 몰래 투자를 하기 시작했고 남편의 투자 금액이 커지게 되자 사실이 드러나게 되었는데, 남편은 자신이 돈을 벌어서 하고 싶은 것을 하려고 하는데 무엇이 문제인지 모르겠다고 한다. 아내는 의논하지 않은 것에 대해 화가 나 있었다. 부부는 모든 것을 함께 의논하며 해결해야 한다는 생각이 강하다 못해 규칙이 되었다. 남편은 이런 규칙이 숨이 막혔지만 말을 못 했다. 객관적으로 나쁜 것은 아니기 때문에 자신이 숨 막히는 것을 잠시 참으면 아내는 행복할 거라고 생각했기에 모든 것을 의논할 수 있을 것이라고 결정을 쉽게 했다. 아내는 자신이 정한 규칙을 반대하면 끝까지 설득하며 관철시키는 사람이었기에 남편은 마지못해 약속을 한 것이다. 모든 것을 의논한다는 것이 애매하면서 일방적인 규칙이라면 남편은 자신의 의견과 마음을 이야기해야 한다. 아내는 강요하는 이유에 대해 생각을 해야 한다. 단순히 행복한 가정을 만들기 위한 것이 아니라 행복하지 못했던 가족에 대한 보상심리로 강요하고 있다면 그런 것이 이루어지더라도 행복해지지 못한다. 보상심리로 무언가를 이루었을 때는 또다른 대가를 치러야 하기 때문이다. 아무리 돈이 없어도 자신이 행복하다면 배우자도 행복해진다. 한 사람이 무거우면 함께 무거워진다. 서로가 집안 분위기를 망친다고 이야기하기에 앞서 자신은 에너지를 다운시키는 사람인지, 에너지를 높이는 사람인지를 먼저 인식하고 상대를 바라보자. 밝은 에너지를 가지고 있다면 상대는 마음을 열고 밝은 에너지로 다른 일에도 성과를 올릴 것이다. 일은 일이고 관계는 관계라고 말을 할지라도 동양에서는 관계가 더 우선시되므로 관계지향적인 대화법을 사용하는 것이 좋다. 관계를 통해 기회가 생기기 때문이다.

+ 상위 1%의 말하기

① 자심의 속마음을 진실하게 표현하기
② 자신의 말에서 긍정적 의도 찾기

7

인정받는 사람은
대화법이 다르다

변화시키기 위한 말이 아닌 자신의 변화를 위한 말

말을 할 때 상대가 변하기를 바라거나 나의 설득에 넘어와야 한다고
생각하며 말을 하면 상대도 부담으로 받아들인다. 대부분 상대를 인정할
줄 아는 사람은 자기 자신을 인정할 줄 아는 사람이다. 상대를 존중하는
사람은 자신을 존중하는 사람이며 상대를 어떻게 보는지는 상대를 볼 때
거울을 보고 있다고 생각하면 된다. 내 기분이 좋지 않을 때나 내가 한
일이 엉망이 되어 속상할 때 상대를 싫다고 생각한다면 그 상대가 싫은
것이 아니라 자신의 어떤 면을 싫어하고 있는 것일 수도 있다. 어떤 부부
는 원하는 것이 행복한 가정이었다. 그런데 상대에게 원하는 것이 무엇

인지를 서로 이야기한 적도 없고 서로가 추측만 할 뿐이었다. 대부분 추측해서 행복을 만들어가려고 하지만 상대는 협조가 안 되는 것 같은 생각이 들 때가 있다. 그래서 불만이 생기면 상대 배우자를 행복을 부수는 사람으로 단정을 짓기도 한다. 어떤 부부는 조용하지만 밝고 행복한 분위기가 가득하다. "다른 사람이 이렇게 했다더라." 등등의 이야기는 하지 않으며 자신이 생각해서 깨달은 것이나 자신이 느끼는 것 위주로 대화를 한다. 내가 만나고 내가 현재 있는 곳의 사람만이 중요하기에 다른 사람을 관계에 끼워 넣지 않은 것이다.

어떤 분이 나와 갈등이 있었던 사람에 대해 어떤 사람인지를 물어본 적 있다. 나는 그 사람의 단점에 대해 다 털어놓고 싶었지만 잘 모른다고만 했다. 아무리 관계가 나빠도 내가 판단한 것을 이야기를 할 경우 선입견을 심어주게 되고 또 다른 관계를 내가 깨뜨릴 수 있기 때문이다. 중간 역할은 중요하다. 나는 친청엄마와 남편 사이에서, 남편과 아이 사이에서 중간 역할을 하면서 중간 역할에 따라 관계가 달라짐을 보게 되었다. 한쪽에서 나에게 안 좋은 소리를 털어놓는 경우가 있지만, 나는 그것을 내가 수용하고 이해하는 것으로 끝낸다. 사람이 함께 살다 보면 불만이 있을 수 있고 좋을 수도 있다. 불만은 내가 이해하고 좋은 소식은 잘 전달해준다. 양쪽 모두 순간적으로 올라온 마음이므로 도움이 안 되는 작은 불만을 그대로 옮기게 되면 자신도 그 의견에 동의한다는 것밖에 되지 않는다. 그것도 비굴하게 다른 사람을 끌어들이는 사람으로 보이게 된다. 좋은 것을 전달해주면 언제나 기대하게 되고 상대에 대해 좋은 인상을 가지게 되므로 만났을 때 좋은 태도로 서로 대하게 되어 관계도 좋아진다.

어떤 분이 두 사람 사이에서 중재를 하는 상황에서 객관적인 사실만 이야기하면 된다고 말을 하면서도 두 사람 중 한 명의 편을 은근히 드는 것을 보았다. 자신은 객관적인 사실이라고 주장해도 이미 한쪽으로 기울어진 판단을 하는 것이기 때문에 그 상대편에 있는 사람의 반응이 좋을 수 없었다. 사실 사람은 객관적이기가 어렵다. 앞서 이야기한 것처럼 말하는 사람의 편에서 이해를 해주는 것이 그 사람의 마음을 진정시키는 것이고 함께 방법을 찾을 수 있게 된다. 객관적인 사실로 포장한 사람들을 보면서 겸손함의 중요성을 다시 느끼게 된다. 누구나 중간 입장이 되는 경우가 생긴다. 그리고 편을 들어주기를 바라는 사람이 생긴다. 좀 더 멀리 생각해서 현재의 관계를 잘 맺기를 바란다. 인정받는 사람의 대화법은 단정짓는 것을 조심한다. 객관적인 사실에 대해서는 사실만 이야기하고 상황에 맞는 언어를 구사하되 상대방의 표정도 함께 보게 된다. 말을 할 때는 자신의 긍정적 동기가 무엇인지를 스스로 살펴봐야 한다.

일반적으로 어렵지 않고 쉽고 편하게 친밀감이 드는 말이 듣기 좋고 관계의 문이 열려서 서로를 인정하게 된다. 우선 내가 나를 어떻게 보는 가가 소통의 밑바닥에 깔려 있다. 말을 하는 것에서 자신의 속이 드러난 다고 여러 번 언급을 했지만 자신의 언어로 가장 원하는 말을 할 때 가장 말을 잘하는 상태가 된다. 성장하고 싶지 않고, 자신도 돌아보고 싶지 않고, 미래에 대해서도 희망이 없는 사람은 계속 자신과 남을 비교하느라 시간을 다 보내게 된다. 비교하고 남들보다 못하게 되는 일이 생기면 스스로 한없이 비참해지고 말도 잘 못하게 된다. 비교 시 뭔가를 잘해냈을 때는 한없이 잘난 척을 하며 근거 없는 자신감에 취해 현실을 보지 못하는 경우도 생긴다. 그리고 사람을 무시하게 된다. 자신이 세상의 주인공이 된 듯 자신이 하는 말에 사람들은 다 따를 것이라 생각하고 자신의 말에 인식 없이 함부로 대하는 태도에 상대는 참기도 하지만 관계가 끝나기도 한다. 비교는 자신의 과거와 현재만 비교하면 된다.

상대를 존중하는 겸손한 말

정보는 계속 쏟아져 나오고 많은 정보에 의해 무슨 일이든 잘하고 싶은 욕구도 커진다. 말을 잘해서 성공을 했을 때라도 자신이 그 일에 대한 근본적 동기와 큰 계획이 없다면 쉽게 무너지고 만다. 어떤 상황에서든 겸손한 태도를 유지하는 것이 쉽지는 않다. 애써서 노력한 만큼 얻은 결과는 우리의 넥타이를 풀게 만들고 쉽게 쇼핑으로 기분을 전환시키기도 한다. 물론 이벤트나 자축을 할 수는 있지만 마음을 놓아버리지는 말아야 한다. 인정받는 사람은 마음과 마음을 연결하는 대화에 능하면서 단호할 때조차 부드럽고 따뜻하게 말을 한다. 먼저 마음과 마음을 연결한다는 것은 내 마음을 알아야 한다는 것이고 상대의 마음을 알고 표현해줄 줄 알아야 한다는 것이다. 말에 의한 상처는 큰 아픔을 가지게 한다. 침묵도 마찬가지다. 상처가 될 줄 알면서 복수심에 공격하거나 침묵을 하는 사람들이 있다. 자신에게든 타인에게든 공격의 말은 멈추고 공격의 말에서 핵심이 무엇인지를 전달하는 것이 오히려 인정받는다. 불편한 말을 해야 할 때도 그것이 사람을 향한 공격이 아니라는 메시지와 함께 꼭 필요한 한 가지만 이야기하고 끝낸다. 그럴 때 담담하게 표현하는 것이 좋다. 불편한 말은 상대를 위한 말이어야 하고 되도록 사실적인 표현이어야 하기에 표정에 개인적인 감정이 묻어나지 않도록 해야 한다. 권력이나 물질 등으로 성공해서 인정받는 사람이 있고, 존재로 행복하게 살면서 인정받는 사람이 있다. 사람들은 가장 가까운 가족에게 인정받고 싶어 한다. 가장 가까운 사람일수록 감정이 복잡한 경우가 많다. 그러나 어떻게 해석하고 이해하느냐에 따라 다가가는 방식이 달라질 수 있다. 가족일수록 더 많이 기뻐하고 축하해줄 것 같은데 그렇지 못한 가정도 많다. 가족도 하나의 집단이고 사회이기 때문에 그 구성원끼리 어떤 역할들을 했는가에 따라 달라지기 때문이다.

오래전에 잠깐 대화를 나눈 사람 중 기억에 남는 사람이 있다. 아이를 대할 때도 이야기를 끝까지 듣고 "그렇구나… 그럼 어떻게 할래?"라고 부드럽게 물어보면서 적절한 반응을 보였다. 남편에게도 "제가 생각하기에는 이러이러한 것 같은데 한 번 더 생각해볼게요."라고 통화하는 것이 들렸다. 나랑 이야기할 때도 경청을 잘하면서 겸손하게 말을 잘한다고 생각했다. 아이를 대할 때 아기 목소리를 흉내 내지 않으면서도 엄마의 위치에서 아이의 말을 잘 들어주며 아이 생각을 잘 받아주고 남편과 통화를 하는 모습에서도 남편을 존중하며 정중하게 말하는 것을 보면서 겸손하면서도 힘이 있다는 느낌을 받았다. 종종 이렇게 품위 있게 말하는 사람은 함부로 대하지 못하겠다는 생각이 들었다.

한 번은 "사람들이 선생님을 너무 편하게 생각해서 만만하게 보지는 않나요?"라고 물어보는 분이 계셨다. 나는 나를 만만하게 생각하는 사람은 본 적이 없는데 왜 그렇게 말을 하는지 물어보았다. 그러자 "편하게 대해주면 사람들은 이용하려 하고 만만하게 볼 수 있을 것 같아서요."라는 답하는 것이다. 그분의 고민이었다. 다행히 나는 이용당한 적이 거의 없다. 말에 휘둘리거나 나를 만만하게 본 사람도 없었다. 가끔 정신을 놓고 생각 없이 이야기할 때도 있지만 늘 그렇지는 않다. 성별이나 나이에 관계없이 편하다고 그분들을 나의 수준으로 끌어내리는 것이 아니라 상대가 누구든 존귀히 여기는 마음으로 대하는 것이 중요하다는 생각을 하며 대한다.

사람마다 독특성과 고유함에 따라 다르게 대하기도 한다. 자신의 방식대로만 말 하는 것에서 벗어나 환경이나 사람을 이해하고 맞추려는 노력을 하면 말을 잘하는 사람으로 인정받을 것이다.

+ 상위 1%의 말하기

① 자신의 위치를 지키며 겸손하게 표현하기
→ 엄마의 위치, 자녀의 위치, 상사의 위치, 파트너의 위치임을 인식하기
② 비위를 맞추기 위한 말인가? 배려를 하는 말인가?
→ 내가 진심으로 상대를 위하는 것인지, 나의 불편한 마음을 숨기기 위한 것인지, 나의 이익을 위한 것인지를 솔직하게 보고 상대를 위한 배려일 때 상대방에게 표현하기

나는 가끔 코칭을 하기 전에 "오늘은 답을 주지 말고 질문만 하자."라고 결심하고 사람을 만나러 갑니다. 그러나 나만의 해답을 줄 때가 있습니다. 그럴 때는 쉽게 답을 이야기한 것 같아서 미안하다고 사과를 하며 정답이 아니니 더 좋은 답을 찾으시라고 이야기하지만 기다리며 침묵한다는 것도 쉬운 일은 아니란 생각이 듭니다. 예전엔 말을 못해서 침묵이 쉬웠다면 말을 하기 시작하면서는 상대를 기다려주지 못할 때가 생겼습니다. 침묵 또한 나를 위한 것이 아니라 상대를 위해 침묵하고 질문해야 한다는 생각을 갖게 됩니다.

많은 사람들처럼 저 또한 '나의 말 한마디가 상대에게 상처가 되지는 않을까?'를 고민한 사람 중 한 명이었습니다. 사람은 실수가 많을 수밖에 없습니다. 그 사람들 중 실수를 하지 않으려는 사람이 있는가 하면 실수를 디딤돌로 삼아 앞으로 나아가는 사람이 있습니다.

실수하지 않는 방법에 집중하기보다는 실수를 다른 방식으로 표현해보고 각자 가지고 있는 가능성을 개발해서 최상의 모습으로 살아가기를 바라는 마음을 이 책에 담았습니다.

많은 분들이 아시는 이야기입니다. 맹자가 집을 떠나 공부를 했다고 합니다. 그러다 어머니가 그리워서 하던 공부를 멈추고 어머니의 곁에서 일을 도우며 공부를 하려고 집에 왔습니다. 그러자 맹자의 어머니는 베틀의 베를 칼로 자르며 "하던 일을 중단하면 아무것도 아닌 것이 된다."라고 말을 해서 아들을 다시 공부하러 떠나 보냈습니다. 이처럼 자신이 원했던 어떤 중요한 결심을 하고 시도한 것이 있으면 주변 상황이나 사람들에 마음이 흔들려서 자신을 포기하는 일은 없기를 바랍니다.

자신은 착하게 살았는데 '왜 상처받는 말들을 듣고만 있어야 하나?' 라는 분도 있고 필요 없는 도움을 주었거나 보상을 기대하는 마음으로 남들에게 맞추면서 살았을 수도 있습니다. 그것은 착한 것이 아니라 자기중심성에서 나온 미성숙함으로 봅니다. 자신의 말에 책임을 지기 위해서는 자신의 마음과 생각을 파악할 줄 알고 겸손한 마음으로 사람을 대할 수 있어야 합니다. 말을 완벽하게 한다고 행복한 것이 아니라 마음에서 우러나오는 진실한 말로 협력하는 것이 행복한 관계라고 생각합니다.

이 책에 나오는 사례 또한 사람마다 다르게 접근해야 하기에 정답으로 제시하지 못한 아쉬움이 있습니다. 그러나 무엇보다 각자가 가진 자신만의 독특성과 능력을 믿고 그 독특성을 개발시키고 서로 받아들이는 풍성한 관계가 되길 소망합니다.

소통과 관련해 사람들은 능력을 가지기를 원합니다. 어떤 분은 공감을 잘하고 싶어 하고 어떤 분은 생각을 잘 표현하는 방법을 알기 원하고 어떤 분은 거절을 잘하는 사람이 되고 싶어 하며 화를 제대로 표현할 줄 아는 사람이 되고 싶어합니다. 잘 듣는 것을 기본으로 상대방이 생각하도록 하는 질문 능력을 키우고 싶어 하기도 합니다.

사람들마다 원하는 능력은 다릅니다. 자신이 부족하다고 생각하는 것이 있으면 관계를 위해 기술을 익혀서라도 표현을 잘하고 싶어 합니다.

저는 10년 이상의 코칭경험을 통해 마음속의 소중한 진실이 왜곡되고 잘 표현되지 않아 오해와 갈등을 일으키는 것을 보았습니다. 자신을 속이며 합리화시키는 것이 자신을 더 괴롭게 한다는 것을 코칭을 통해 사람들이 알게되고 관계나 삶이 변화되는 것을 보면 기쁩니다. 그래서 지속적인 변화를 위해 자신의 존재감을 강화시키고 자신과 타인을 사랑할 줄 알아야 한다는 생각하며 그룹으로 진행하는 감성코칭을 만들었습니다.

상담과 코칭의 장점을 살려 자신을 사랑하는 것이 무엇인지 알고 실천할 수 있도록 훈련을 통해 많은 이를 돕고 있습니다.

이 세상을 풍요롭게 살기 위해, 자신과 자신이 가진 시간에 대해 책임을 지며 최선을 다해 살아가길 바라며, 코칭스킬이나 가족의 이해 마음의 구조 등 책에서 다루지 못한 문제에 대해 고민이 있으신 분은 tgihyang@hanmail.net 으로 문의해주십시오. 도움을 드리도록 하겠습니다. 감사합니다.